Unser Gehirn und die Welt

Wolfgang Klimesch

Unser Gehirn und die Welt

Wer die Welt verstehen will,
muss unser Gehirn verstehen

Wolfgang Klimesch
Centre of Cognitive Neuroscience
Universität Salzburg
Salzburg, Österreich

ISBN 978-3-662-67634-9   ISBN 978-3-662-67635-6 (eBook)
https://doi.org/10.1007/978-3-662-67635-6

Die Deutsche Nationalbibliothek verzeichnet diese Publikation in der Deutschen Nationalbibliografie; detaillierte bibliografische Daten sind im Internet über http://dnb.d-nb.de abrufbar.

© Der/die Herausgeber bzw. der/die Autor(en), exklusiv lizenziert an Springer-Verlag GmbH, DE, ein Teil von Springer Nature 2023

Das Werk einschließlich aller seiner Teile ist urheberrechtlich geschützt. Jede Verwertung, die nicht ausdrücklich vom Urheberrechtsgesetz zugelassen ist, bedarf der vorherigen Zustimmung des Verlags. Das gilt insbesondere für Vervielfältigungen, Bearbeitungen, Übersetzungen, Mikroverfilmungen und die Einspeicherung und Verarbeitung in elektronischen Systemen.
Die Wiedergabe von allgemein beschreibenden Bezeichnungen, Marken, Unternehmensnamen etc. in diesem Werk bedeutet nicht, dass diese frei durch jedermann benutzt werden dürfen. Die Berechtigung zur Benutzung unterliegt, auch ohne gesonderten Hinweis hierzu, den Regeln des Markenrechts. Die Rechte des jeweiligen Zeicheninhabers sind zu beachten.
Der Verlag, die Autoren und die Herausgeber gehen davon aus, dass die Angaben und Informationen in diesem Werk zum Zeitpunkt der Veröffentlichung vollständig und korrekt sind. Weder der Verlag noch die Autoren oder die Herausgeber übernehmen, ausdrücklich oder implizit, Gewähr für den Inhalt des Werkes, etwaige Fehler oder Äußerungen. Der Verlag bleibt im Hinblick auf geografische Zuordnungen und Gebietsbezeichnungen in veröffentlichten Karten und Institutionsadressen neutral.

Planung/Lektorat: Alexander Horn
Springer ist ein Imprint der eingetragenen Gesellschaft Springer-Verlag GmbH, DE und ist ein Teil von Springer Nature.
Die Anschrift der Gesellschaft ist: Heidelberger Platz 3, 14197 Berlin, Germany

*Gewidmet meinem lieben Enkel Niki,
dem großen Mathematiker.*

Vorwort

Wir Menschen, so denke ich, haben seit Urzeiten ein inneres Bedürfnis, die Welt um und in uns zu verstehen. Religionen, Ideologien, aber auch Aberglaube sind Beispiele für die Umsetzung dieses Bedürfnisses.

Die Gehirnforschung der letzten Jahrzehnte hat zu vielen neuen Erkenntnissen geführt. Der Wissenszuwachs ist enorm. Die Beteiligung benachbarter Disziplinen (wie z. B. der Evolutionsbiologie, Genetik und die Hormon/Transmitter-Biochemie) und die Entwicklung neuer Technologien (wie z. B. die Entwicklung bildgebender Techniken und neue Methoden der Elektrophysiologie, die mit hochauflösenden Verfahren die elektrische und magnetische Tätigkeit des Gehirns erfassen) haben entscheidend dazu beigetragen.

Die Motivation zu diesem Buch ist aufzuzeigen, wie das vielfältige Wissen über Gehirnfunktionen dazu genutzt werden kann, unsere Welt besser zu verstehen. Derzeit können Fragen beantwortet werden, zu denen es früher aus naturwissenschaftlicher Sicht keinen Zugang gab. Dazu gehört z. B. die Frage, ob es einen freien Willen gibt oder warum wir uns so verhalten, wie wir uns verhalten.

Zu den spannendsten Ergebnissen der Gehirnforschung zählt die erst jüngst gewonnene Erkenntnis, dass höhere geistige Funktionen (wie z. B. Gedächtnis, Denken und Bewusstsein) ohne die Beteiligung von Hirnschwingungen (Gehirnoszillationen) unmöglich sind. Da Schwingungen nur mathematisch und physikalisch beschrieben werden können, wird klar, dass man bei der Erforschung dieser Funktionen in eine neue, bisher unbekannte Welt vordringt.

Wolfgang Klimesch

Inhaltsverzeichnis

1 **Einleitung: Von der sozialen zur algorithmischen Welt**   1
  1.1 Literatur mit Kurzkommentaren zu Kap. 1   7

2 **Die Verhaltensanleitungen des evolutiv alten Gehirns: Was treibt uns an?**   11
  2.1 Der Wach-Schlaf-Zyklus und die Bedeutung von Träumen   14
  2.2 Positive Emotionen: Freude, Motivation, Lust   21
    2.2.1 Die neurobiologischen Grundlagen positiver Emotionen   23
    2.2.2 Sexualverhalten: Eine Verhaltensanleitung im Dienste der Reproduktion   28
    2.2.3 Sexuelle Selektion   29

2.2.4 Verhaltensanleitungen für und Persönlichkeitseigenschaften von Männern und Frauen ... 34
2.3 Negative Emotionen ... 36
    2.3.1 Die neurobiologischen Grundlagen von Angst und (verteidigender) Aggression ... 37
    2.3.2 Die verschiedenen Formen von Aggression ... 42
2.4 Die Sonderstellung der instrumentellen Aggression ... 44
2.5 Der universelle Charakter von Emotionen ... 45
2.6 Verhaltensanleitungen zur Vermeidung von infektiösen Krankheiten ... 47
    2.6.1 Die Entstehung von „belief systems" und der Religiosität ... 48
2.7 Gibt es einen freien Willen? ... 50
    2.7.1 Der Spielraum des Willens: Das evolutive Prinzip des Ausprobierens und der Variation ... 54
    2.7.2 Individueller Wille, Verhaltensspielraum und Gedächtnis ... 55
2.8 Literatur mit Kurzkommentaren zu Kap. 2 ... 56

3 Die Gehirnrinde: Anatomie und Neurophysiologie kognitiver Prozesse ... 67
3.1 Die vorrangige Bedeutung des Gedächtnisses für höhere kognitive Prozesse ... 68
3.2 Gehirngröße und Intelligenz ... 70

3.3	Eigenschaften kortikaler Vernetzung	75
	3.3.1 Maximale Vernetzung ist Trumpf, benötigt aber ein großes Gehirn	79
3.4	Vernetzte Gedächtnisstrukturen und getaktete Aktivierung	82
3.5	Literatur mit Kurzkommentaren zu Kap. 3	86

4 Das lebende Gehirn ist 4-dimensional: Gehirnanatomie und die Zeit — 91

4.1	Die „Anatomie" der Gehirnzeit	92
	4.1.1 Gehirnschwingungen, Codierung und Gedächtnis	94
	4.1.2 Die funktionelle Bedeutung von Gehirnschwingungen: Das EEG	103
	4.1.3 Neuronale Netzwerke und Schwingungen	109
4.2	Die Zauberwörter: Synchronisation und Desynchronisation	113
4.3	Die seltsamen Eigenschaften von Schwingungen	116
4.4	Literatur mit Kurzkommentaren zu Kap. 4	118

5 Die Frequenzarchitektur der Kognition und des Bewusstseins — 129

5.1	Die binäre Kopplungshierarchie von Gehirnschwingungen	130
	5.1.1 Frequenztrennung und der Goldene Schnitt	132
5.2	Empirische Belege für die binäre Hierarchie	133
	5.2.1 Die binäre Frequenzhierarchie und die Größe neuronaler Netzwerke	134

	5.2.2	Binäre Frequenzkopplung und kognitive Leistung	138
	5.2.3	Die binäre Kopplung von Gehirn- mit Körperschwingungen: Herzschlag und Atmung	139
	5.2.4	Schlaf und die Entkopplung von Gehirn- und Körperschwingungen	142
5.3	Bewusstsein, Gehirn und Körperschwingungen	144
5.4	Das Geheimnis der elektromagnetischen Felder im Gehirn	148
5.5	Literatur mit Kurzkommentaren zu Kap. 5	152

6 Die Drei-Welten-Theorie — 159
6.1 Eigenschaften der algorithmischen Welt — 160
6.1.1 Die Einwirkung auf die physische Welt: Die Bedeutung der Skalierung — 162
6.1.2 Evolution in der physischen Welt und das Gesetz von Snell — 163
6.2 Literatur mit Kurzkommentaren zu Kap. 6 — 166

7 Schlussfolgerungen: Evolution und das Prinzip des Ausprobierens — 169
7.1 Am Ende steht eine spekulative Hypothese — 172

Über den Autor

Univ.-Prof. em. Dr. Wolfgang Klimesch, ehemals Leiter der Abteilung physiologische Psychologie an der Universität Salzburg, untersuchte mit seinem Forschungsteam den Zusammenhang zwischen Gehirnoszillationen und kognitiven Prozessen. Er gehört zu den meistzitierten Wissenschaftlern weltweit (Platz 797 von 161442 Wissenschaftlern).

1

Einleitung: Von der sozialen zur algorithmischen Welt

Es gibt verschiedene Zugänge zur Erforschung des Gehirns. Einer der bekanntesten ist die Neuroanatomie und die damit verbundene Frage: Was passiert wo im Gehirn? Hier wird in einem ersten Schritt die evolutive Perspektive gewählt [1]. Das Gehirn ist das Produkt einer viele Hundert Millionen Jahre alten Evolutionsgeschichte. Sie begann mit der Entwicklung der ersten Nervenzellen vor mehr als einer halben Milliarde Jahre und ist zuletzt geprägt durch die ungefähr fünf Millionen Jahre alte Entwicklungsgeschichte der Hominiden. In gewisser Hinsicht „erzählt" die Gehirnanatomie die evolutive Entwicklung, weil bekannt ist, welche Regionen sich sehr früh und welche sich später entwickelt haben. So nennt man z. B. eine im menschlichen Gehirn sehr alte Region, den Hirnstamm, auch „Reptiliengehirn", weil sie in ihrer Struktur große Ähnlichkeiten mit den Gehirnen von Reptilien hat, die sich vor ca. 300 Millionen Jahren entwickelt haben und deren Gehirne sich in dieser Zeit nur wenig verändert haben. Evolutiv alte Gehirnregionen dienen dem Überleben, indem sie zur Nahrungssuche und Reproduktion anleiten und diese steuern. Die Anleitung, ein bestimmtes Verhalten auszuführen, ist eine der zentralen Hirnfunktionen. Es handelt sich dabei um rein endogene Aktivierungen, d. h. um Vorgänge im Gehirn, die nicht als Antwort auf einen Reiz, der aus der physischen oder sozialen Welt kommt, zurückzuführen sind.

Da die Überlebensbedingungen in Gruppen und auch größeren Gemeinschaften evolutiv erfolgreich waren, hat die Entwicklung von Sozialverhalten eine große Rolle gespielt. Kein Wunder, dass unser Gehirn primär auf all das spezialisiert ist, was in der sozialen Welt im Vordergrund steht: Kommunikation, soziale Intelligenz, Reproduktion und Brutpflege. Kommunikation wird stark durch Emotionen gesteuert und setzt ein gewisses Ausmaß an Empathie (das „Hineindenken" in Gefühle und Motivation anderer Menschen) voraus. Soziale Intelligenz ist die Grundlage, auf der sich Sozialverhalten entwickelt hat.

Der evolutive Zusammenhang zwischen Gehirnentwicklung und sozialer Entwicklung wird im Rahmen der „social brain"-Hypothese [2] untersucht. Sie geht davon aus, dass Primaten (inklusive uns Menschen) deswegen ein größeres Gehirn haben, weil sie in komplexeren sozialen Strukturen leben als andere Tierarten. Hoch entwickelte soziale Kontakte setzen voraus, dass die Absichten anderer verstanden werden. Dies ist eine sehr komplexe kognitive Leistung vor allem deswegen, weil Absichten nicht direkt beobachtbar sind und deswegen auf Grundlage einer „Theorie oder Modell des Mitmenschen" („theorie of mind") erfolgen [3]. Die wichtigste empirische Grundlage der „social brain"-Hypothese betrifft den Zusammenhang zwischen Gehirngröße von Primaten und Gruppengröße. Je größer die Gruppe, desto komplexer sind die sozialen

Strukturen und damit die Anforderungen an die soziale Kognition, desto besser ist auch der Genaustausch und desto höher sind die Überlebenschancen der Gruppe. Besonders interessant sind Ergebnisse, die zeigen, dass die „social brain"-Hypothese nicht nur aus evolutiver Perspektive, sondern auch auf individueller Ebene bestätigt werden kann. Untersuchungen mit Methoden der nicht invasiven Vermessung des Gehirns (mithilfe der Magnetresonanztomographie, MRT) haben gezeigt, dass die Größe des Frontallappens (genauer: des orbitalen präfrontalen Kortex), der eine wichtige Rolle für soziale Kognition und die Kontrolle von Emotionen spielt, mit der Größe des individuellen sozialen Netzwerkes in Zusammenhang steht. Die soziale Netzwerkgröße wurde mit Fragebögen erfasst, in dem die Versuchspersonen die Namen jener Personen angeben mussten, mit denen sie in den letzten sieben Tagen persönlichen Kontakt/ Kommunikation hatten (ausgenommen sind formale Kontakte, wie z. B. zu einem Schalterbeamten auf der Bank oder Verkäufer im Supermarkt). Zusätzlich wurde festgestellt, dass Versuchspersonen mit einem großen Frontallappen und großem sozialen Netzwerk besser imstande sind, die Absichten anderer zu verstehen [4].

Die wichtige Funktion und große Bedeutung des Sozialverhaltens haben dazu geführt, dass wir – subjektiv gesehen – in zwei Welten leben, nicht nur in der physischen, sondern vor allem in der sozialen Welt. Zu ihr gehört jede Art der zwischenmenschlichen Kommunikation und Interaktion. Noch bevor ein Baby krabbeln kann, lernt es, mit der Mutter zu kommunizieren. Es ist eine emotionale Interaktion, die über die Stimme, Körperhaltung, Bewegung und Mimik erfolgt. Früh lernen Kinder, die Emotionen ihrer Kontaktpersonen zu verstehen und auch ihren eigenen Willen durchzusetzen. Die Entwicklung der sozialen Intelligenz hat begonnen, bevor sie sprechen können und bevor sie auch nur eine Ahnung haben, dass es so etwas wie eine physische Welt gibt. Kleinkinder müssen vor den vielfältigen Gefahren der physischen Welt (die z. B. von heißen Gegenständen oder großen Höhenunterschieden ausgehen) geschützt werden, weil sie sie nicht verstehen. Gehirnregionen, die Kommunikation und soziale Intelligenz ermöglichen, entwickeln sich früh, jene, die uns die intellektuelle Erschließung der physischen Welt ermöglichen, entwickeln sich spät.

Natürlich kann die soziale Welt nur in der physischen Welt realisiert werden. Aber unser Gehirn ist in seiner evolutiven Entwicklung nicht darauf spezialisiert, die physische Welt zu verstehen. Wir können sie nur mithilfe naturwissenschaftlicher Methoden „rekonstruieren". Dies deswegen, weil unser Gehirn so gebaut ist, dass die Kommunikation mit der physischen Welt – über Wahrnehmung und Motorik – weitgehend automatisiert ist und keine Intelligenz oder Denkleistung voraussetzt. Die Sinneswahrnehmung funktioniert aufgrund der Gesetze der physischen Welt, sie ist automatisiert und uns nicht bewusst zugänglich. So beruht z. B. die Bauweise des Auges auf den Grundlagen der Optik, und die Codierung visueller Information benutzt Regeln der Informationstheorie, wie z. B. die Minimierung von Entropie und das Aufsuchen von Redundanz. Auch die Interaktion mit der physischen Welt über Bewegung (Motorik) ist ähnlich aufgebaut. Wir können zwar willentlich und bewusst Bewegung initiieren, der komplexe Ablauf der Motorik (welche Muskeln wie angesteuert werden, sodass der Körper z. B. beim Gehen im Gleichgewicht bleibt) ist automatisiert und unserem bewussten Denken nicht zugänglich. Die Gesetze der physischen Welt (wie z. B. jene der Optik, der Informationstheorie oder der Mechanik bei der Motorik) können wir nur mit naturwissenschaftlichen Methoden erfassen („rekonstruieren"), wir verstehen sie nicht unmittelbar so wie jene der sozialen Welt. Wir verstehen sofort, was ein freundlicher oder aggressiver Gesichtsausdruck bedeutet, aber wir haben intuitiv keine Ahnung, was die Gesetze der Optik oder gar der Quantenphysik sind.

Die Spezialisierung des Gehirns auf die soziale Welt hat den großen Vorteil, dass sich komplexe soziale Strukturen entwickeln, die optimale Brutpflege, Kooperation, Arbeitsteilung, Spezialisierung, Erschließung von Ressourcen und komplexe Kommunikation ermöglichen. Der Nachteil – und auch die Gefahr – ist, dass das Verstehen der physischen Welt zu kurz kommt. In der sozialen Welt ist vieles „verhandelbar", in der physischen Welt jedoch nicht. Wir können mit der Natur nicht verhandeln, wie viel CO_2-Ausstoß sie verträgt, jedoch schon, wer wie viel davon ausstoßen darf. Emotionen haben nur in der sozialen Welt Bedeutung. Sie spiegeln sich vor allem in der Mimik (dem Gesichtsausdruck), aber auch in der Körpermuskulatur (Körperhaltung und Muskelspannung) wider. Sie haben eine wichtige kommunikative Bedeutung. Über Emotionen können wir andere Menschen beeinflussen und umgekehrt werden wir von Mitmenschen durch ihre Emotionen beeinflusst. In der unbelebten, physischen Welt gibt es keine Emotionen. Trotzdem sprechen wir z. B. davon, dass ein See düster oder ein sonniger Tag freundlich ist. Wir sind geneigt, die physische Welt so wie die soziale zu interpretieren und mit ihr auch zu kommunizieren. Animistisches Denken ist ein bekanntes Phänomen, das nicht nur bei Kleinkindern zu beobachten ist. In Sagen und Religionen finden sich unzählige Beispielen dafür. Es sei z. B. an Riten erinnert, die bei Dürre den Regengott gnädig stimmen, oder anderes Unheil abwenden sollen. Sigmund Freud z. B. sah im animistischen Denken die Projektion der eigenen inneren

Regungen in die Außenwelt [5]. Unser subjektives Erleben wird durch endogen aktivierende Gehirnregionen geprägt (siehe dazu Kap. 2). Die Differenzierung der physischen von der sozialen Welt ist mithilfe dieser Gehirnregionen nicht möglich. Dazu brauchen wir Denkvermögen, eine Gehirnleistung, die völlig andere Regionen und neuronale Prozesse benötigt.

Die erste Hälfte des Buches beschäftigt sich mit der Frage, wie unser Gehirn unser Verhalten steuert und welche Rolle Emotionen spielen. Es handelt sich dabei um endogene Gehirnaktivierungen, die unser Verhalten anleiten und auf die wir bewusst nicht – zumindest nicht direkt – Einfluss nehmen können. Sie laufen weitgehend automatisch ab. Sie sind evolutiv gesehen uralt und stehen in engem Zusammenhang mit Verhalten in der sozialen Welt. Die zweite Hälfte beschäftigt sich mit der Physiologie und Anatomie kognitiver Prozesse. Dabei wird sich zeigen, dass ihre Grundlagen völlig anders sind als jene, die Emotionen zugrunde liegen. Im Gegensatz zu Emotionen, deren Funktionsprinzip und Physiologie gut bekannt sind, stößt man bei den neurowissenschaftlichen Grundlagen kognitiver Prozesse auf viele offene Fragen. Im Mittelpunkt steht dabei die Beobachtung, dass die elektrische Aktivität des Gehirns aus Schwingungen besteht und dass Gedächtnis, Denken und Bewusstsein ohne sie nicht möglich sind. Die Untersuchung von Gehirnschwingungen (brain oscillations) führt uns in eine neue Welt, die algorithmische Welt. Sie besteht aus Naturgesetzen, die ohne Mathematik nicht verstanden werden können. Eine interessante Frage dabei ist, welche Rolle jene Strukturen spielen, die mithilfe von Mathematik beschrieben werden können. Nehmen wir als Beispiel die Fibonacci-Folge, die auf den Mathematiker Leonardo Fibonacci zurückgeht, der mit ihr im 13. Jahrhundert die Entwicklung von sich schnell vermehrenden Tierpopulationen beschrieben hat. Sie ist die unendliche Folge natürlicher Zahlen, die mit der führenden Zahl 0 beginnt, auf die 1 folgt: **0**, **1**. Alle weiteren Zahlen sind die Summe der beiden Vorgänger, also: $0+1=\underline{1}$; $1+1=\underline{2}$; $1+2=\underline{3}$; $2+3=\underline{5}$; $3+5=\underline{8}$; $5+8=\underline{13}$; $8+13=\underline{21}$ etc. Eine interessante Eigenschaft dieser Folge ist, dass sich der Quotient aufeinanderfolgender Paare immer mehr dem Goldenen Schnitt ($g=1,618\ldots$) annähert, je weiter die Folge fortschreitet (z. B. $5/3=1,667$; $21/13=1,615$). Wir werden in Abschn. 5.1.1 sehen, dass g jene Zahl ist, die optimale Frequenztrennung zwischen zwei unterschiedlichen Oszillationen ermöglicht. Da optimale Frequenztrennung in der physischen Welt des Gehirns für die Informationsübertragung eine fundamentale Rolle spielt, kann man sagen, dass die Bedeutung von g einem Naturgesetz gleicht. Das Eindrucksvolle, was sich hier zeigt, ist, dass mathematisch beschreibbare Strukturen eine Art „Eigenleben" entwickeln [6], das nicht von uns Menschen erfunden, sondern gefunden wurde. Es ist das „Eigenleben" der algorithmischen Welt bzw. das der Naturgesetze. In einem abschließenden Kapitel werden Zusammenhänge zwischen sozialer, physischer und algorithmischer Welt diskutiert.

1.1 Literatur mit Kurzkommentaren zu Kap. 1

[1] Der Begriff Evolution ist eng mit den – für seine Zeit revolutionierenden – Arbeiten von Charles Darwin verbunden. Deswegen ist das erste Zitat ihm – in Anerkennung seiner Arbeiten – gewidmet:

Das Hauptwerk von Charles Darwin (1809–1882), in dem er seine Evolutionstheorie beschreibt, trug den Titel: „On the Origin of Species by Means of Natural Selection, or the Preservation of Favoured Races in the Struggle for Life". In der sechsten Auflage (1872) lautete der Titel einfach: „The Origin of Species".

Evolution des Gehirns. Zu diesem Thema gibt es sehr viele Arbeiten. Hier sind Übersichtsarbeiten und Beispiele zur Entwicklung des Gehirns und der Intelligenz angeführt.

Chin, R., Chang, S. W. C., & Holmes, A. J. (2022). Beyond Cortex: The Evolution of the Human Brain. Psychological Review. https://doi.org/10.1037/rev000036

Finlay, B. L., & Darlington, R. B. (1995). Linked regularities in the development and evolution of mammalian brains. Science, Vol. 268, 1578–1584.

Jerison, J. H. (1973). Evolution of the brain and intelligence. Academic Press, New York.

Jerison, J. H. (1985). Animal intelligence as encephalization. Phil. Trans. R. Soc. Lond. B 308, 21–35.

Striedter, G. F. (2005). Principles of brain evolution. Sinauer Associates. MA, https://doi.org/10.5860/choice.42-5260 Corpus ID: 83875053.

Striedter, G. F. (2006). Précis of principles of brain evolution. Behavioral and Brain Sciences, 29(1), 1–12. https://doi.org/10.1017/S0140525X06009010

Eine kurze und leicht verständliche Übersicht findet sich z. B. in:

Cowan, W. M. (1988). Entwicklung des Gehirns, In: Spektrum der Wissenschaft: Verständliche Forschung: Gehirn und Nervensystem. 9. Auflage. Heidelberg 1988, ISBN 3-922508-21-9.

[2] „Social brain hypothesis": Übersichtsarbeiten finden sich in:
Dunbar, R. I. M. (2016). The social brain hypothesis and human evolution. Oxford research encyclopedia of psychology. https://doi.org/10.1093/acrefore/978 0190236557.013.44
Zeigler-Hill, V., Welling, L. L. M., & Shackelford, T. K. (eds.) (2015). Evolutionary perspectives of social psychology. Springer, Heidelberg. ISBN 978-3-319-12696-8; https://doi.org/10.1007/978-3-319-12697-5

[3] Theory of mind. Die erste empirische Arbeit zu diesem Thema wurde an der Universität Salzburg von meinen Kollegen Heinz Wimmer und Josef Perner durchgeführt:
Wimmer, H., & Perner, J. (1983). Beliefs about beliefs – representation and constraining function of wrong beliefs in young childrens understanding of deception. Cognition 13, 103–128.
Ein Überblick aus neurowissenschaftlicher Perspektive findet sich z. B. in: Frith, C. D., & Wolpert, D. M. (eds.) (2003). The Neuroscience of Social Interaction: decoding, imitating, and influencing the actions of others. Oxford University Press Inc., New York, ISBN 0 19 852925 2 (Hbk)

[4] Gehirngröße und soziale Intelligenz:
Powell, J., Lewis, P. A., Roberts, N., & Garcia-Finana, M. & Dunbar, R. I. M. (2012). Orbital prefrontal cortex volume predicts social network size: an imaging study of individual differences in humans. Proc. R. Soc. B (2012) 279, 2157–2162. https://doi.org/10.1098/rspb.2011.2574

[5] Animismus und Magie: Freud, S. (1913). Totem und Tabu. In: Bücher des Wissens, Fischer Bücherei, Frankfurt, 1956.

[6] Algorithmische Welt. Eine exzellente und einfach zu lesende Einführung in die Logik mathematischen Denkens gibt Steven Strogatz in seinem Buch:
Strogatz, S. (2012). The Joy of x: a guided tour of math, from one to infinity. Houghton, Mifflin Harcourt. Boston, New York. ISBN 978-0-547-51765-0

2

Die Verhaltensanleitungen des evolutiv alten Gehirns: Was treibt uns an?

Seit der Entwicklung der Hominiden vor einigen Millionen Jahren hat sich unser Gehirn zur heutigen Form ausgebildet. In Abb. 2.1 ist die Entwicklungslinie durch blaue Pfeile skizziert. Der Hirnstamm ist evolutiv uralt, wir teilen seine Strukturen mit einfachen Tieren, wie z. B. Reptilien. Noch älter ist der Aufbau des Rückenmarks, das in Segmenten aufgebaut ist, die die motorischen und sensorischen Funktionen des Körpers neuronal versorgen. Es hat im Aufbau große Ähnlichkeit mit dem Strickleiternervensystem von ganz einfachen Tieren wie z. B. Ringelwürmern, Krebsen oder Tausendfüßern. Es ist paarig aufgebaut und besteht aus zwei Längssträngen mit je einem Ganglion (das sind untereinander vernetzte Anhäufungen von Neuronen). Die primäre Aufgabe des Strickleiternervensystems ist es, auf Reize, die über einfache Sensoren aufgenommen werden, mit einer motorischen Reaktion (Muskelbewegung) zu reagieren. Es handelt sich einfach ausgedrückt um einen Reiz-

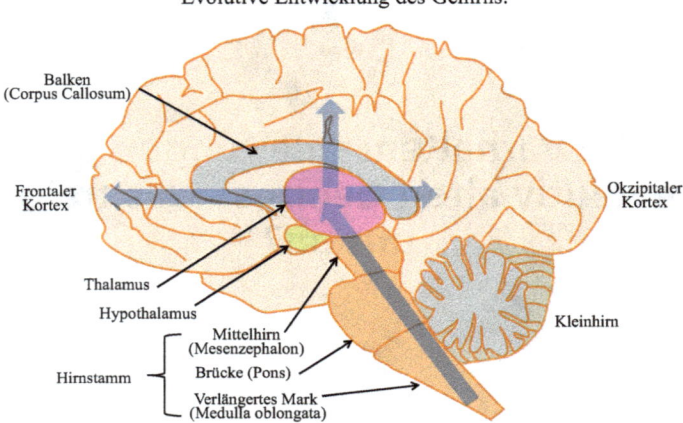

Abb. 2.1 Die evolutiv ältesten Regionen des Gehirns befinden sich im Hirnstamm. Die blauen Pfeile skizzieren schematisch, welche Regionen in der Evolution früher und welche später entstanden sind. Die jüngste Region ist der frontale Kortex

Reaktions-Mechanismus. Allerdings weist bereits das Nervensystem von Insekten ausgeprägte endogene (das sind reizunabhängige) Aktivitäten auf, wie z. B. Untersuchungen an der Fruchtfliege (Drosophila melanogaster) zeigen. Sie hat Tagesrhythmen (rest-activity cycles), die durch ca. 150 „clock"-Neuronen gesteuert werden [1].

Der Kortex ist ein Spätprodukt und ist bei unseren nächsten Verwandten, wie z. B. den Schimpansen, schon nahezu ebenso differenziert wie bei uns Menschen. Im Mikroskop betrachtet ist der Kortex eines Primaten von dem eines Menschen kaum zu unterscheiden. Eine Zwischenstellung nehmen andere Gehirnstrukturen, wie z. B. das limbische System, ein. Es ist nicht nur für die Entstehung von Emotionen verantwortlich, sondern auch für jene Gedächtnisinhalte, die mit emotionalem

2 Die Verhaltensanleitungen des evolutiv alten ...

Erleben verbunden sind. Die evolutiv jüngste Region ist der vordere Teil des frontalen Kortex, der als präfrontaler Kortex bezeichnet wird. Er spielt, wie bereits erwähnt, für Sozialverhalten, aber auch für die bewusste Kontrolle und Steuerung von Emotionen eine wichtige Rolle.

Gehirnforschung ist ohne die Beschreibung und Erklärung unseres Verhaltens nicht möglich. Diese Feststellung mag überraschend sein, weil man vermutlich zuerst an Anatomie und Physiologie denkt. Aber das Gehirn ist die Grundlage unseres Verhaltens. Anatomie, Physiologie und Verhalten bilden eine Einheit. Ohne Verständnis für unser Verhaltens gibt es auch kein Verständnis für jene Gehirnregionen, die unser Verhalten steuern.

Traditionelle Forschungsansätze haben Verhalten fast ausschließlich unter dem Aspekt der Reaktion des Gehirns auf Reize gesehen. Demnach war Verhalten die Folge des Reagierens auf äußere oder innere Reize. Wir reagieren z. B. neugierig auf Reize, die wir nicht einordnen können (z. B. auf ein unbekanntes Geräusch), oder suchen Essbares, wenn wir hungrig sind. Die entscheidende Erkenntnis aber ist, dass das Gehirn nicht nur reagiert. Es arbeitet auf der Grundlage innerer (endogener) Aktivierungen, die darüber entscheiden, wie reagiert wird. Endogene Aktivierungen werden anatomisch gesehen durch aufsteigende aktivierende Systeme vermittelt, die den Kortex ansteuern.

Die folgenden Abschnitte beschäftigen sich mit wichtigen Formen endogener Gehirnaktivierung. Der Wach-Schlaf-Zyklus ist ein Beispiel endogener Aktivierung als Resultat einer Anpassung an den Tag-Nacht-Zyklus der physischen Welt. Emotionen, die der Kommunikation dienen, sind endogene Aktivierungen als Resultat evolutiver Anpassung an die soziale Welt.

2.1 Der Wach-Schlaf-Zyklus und die Bedeutung von Träumen

Evolutiv uralte (auch als „primitiv" bezeichnete) Gehirnstrukturen steuern den Wach-Schlaf-Zyklus endogen, weitgehend (aber nicht völlig) unabhängig von externen Reizen. Diese Gehirnstrukturen werden unter dem Begriff „aufsteigend retikuläres Aktivierungssystem" (Ascending Reticular Activating System oder ARAS) zusammengefasst [2]. Man spricht vereinfachend auch von Reticulärer Formation (RF) oder Arousal-(Erregungs-)System. Wie Abb. 2.2 zeigt, ist die RF eine sehr komplexe neuronale Struktur mit Zentren im verlängerten Rückenmark (Medulla oblongata), der Brücke (Pons), im Mittel- und im Zwischenhirn (Mesencephalon und Diencephalon). Sie steuert den Erregungszustand sowohl im Gehirn als auch im Körper, wobei drei große Funktionsbereiche unterschieden werden können: (i) sensomotorische, (ii) vegetative und (iii) kognitive Funktionen. Zu den sensomotorischen Funktionen gehört die Steuerung der Muskelanspannung (Muskeltonus), die für die aufrechte Körperhaltung und beim Gehen eine zentrale Rolle spielt. Eine Durchtrennung der RF zwischen verlängertem Rückenmark und der Brücke würde die Muskelanspannung sofort lösen und ein Versuchstier würde in sich zusammenbrechen. Es könnte nicht mehr aufrecht stehen. Würde man hingegen die RF zwischen Brücke und Mittelhirn zerstören, so würde ein Versuchstier – wie ein Stofftier – starr mit hoher Muskelanspannung auf seinen Beinen stehen, ohne sich aber bewegen zu können. Es würde wie „eingefroren" wirken. Eine Durchtrennung der RF oberhalb des Mittelhirns würde dazu führen, dass das Tier spontane Bewegungen (wie z. B. Gehen oder Laufen) ohne Beteiligung höherer Gehirnregionen machen

2 Die Verhaltensanleitungen des evolutiv alten ...

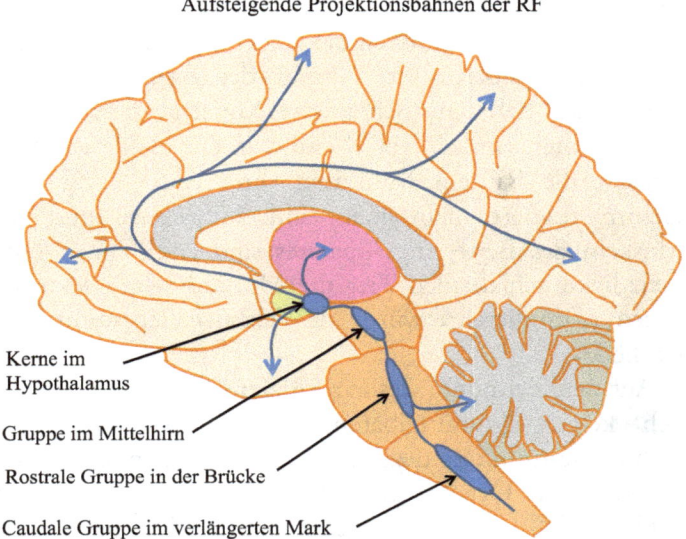

Aufsteigende Projektionsbahnen der RF

Kerne im Hypothalamus

Gruppe im Mittelhirn

Rostrale Gruppe in der Brücke

Caudale Gruppe im verlängerten Mark

Abb. 2.2 Die aufsteigende retikuläre Formation (RF) ist ein weitverzweigtes, diffuses Netzwerk aus Neuronen, das vom verlängerten Mark bis ins Zwischenhirn reicht. Im Hirnstamm gibt es drei größere Gruppen von Zellkernen, die zur RF gehören. Eine liegt im verlängerten Mark, eine in der Brücke und eine im Mittelhirn. Zusätzlich gibt es im Zwischenhirn eine Gruppe, die hypothalamische Kerne umfasst. Das zeitliche Entladungsmuster der Neurone hat einen entscheidenden Einfluss auf die kortikale Aktivierung. Schnelle Frequenzen oberhalb von 6 Hz wirken erregend, langsame unterhalb von 6 Hz deaktivierend. Bei 3 Hz befindet sich das Gehirn im Tiefschlaf. In der RF gibt es unterschiedliche Transmitter. Eine wichtige Rolle spielen Noradrenalin (NA), Acetylcholin (ACh) und Serotonin (5-HT)

kann. Mancher Besitzer eines Hühnergeheges wird die Erfahrung gemacht haben, dass ein geköpftes Huhn – also ohne Gehirn – noch eine Zeit lang herumlaufen kann. Die RF im verlängerten Rückenmark und Hirnstamm genügt, um spontane (nicht durch höhere Gehirnregionen kontrollierte Bewegungen) ausführen zu können. Zu den vegetativen Funktionen gehört z. B. die Steuerung der Atmung, zu den kognitiven die Steuerung der Grundlagen unserer Aufmerksamkeit. Nimmt der Erregungszustand der RF ab, nehmen auch unsere Konzentrationsleistung und Aufmerksamkeit ab. Wenn wir eingeschlafen sind, erreicht die RF ein Minimum ihrer Aktivierung. Das Gehirn reagiert nicht mehr auf Außenreize und die Muskeln des Bewegungsapparates sind erschlafft. Würde man beim schlafenden Tier die Mittelhirn-RF elektrisch reizen (stimulieren), würde das Versuchstier sofort aufwachen.

Auf den Zeitpunkt des Einschlafens haben wir willentlich keinen (unmittelbaren) Einfluss, er wird vom Gehirn bestimmt und zwar weitgehend unabhängig von Außenreizen. Der Erregungsverlauf vom Wachsein zum Schlafen folgt einem endogenen Muster. Die berühmten und inzwischen klassischen Schlafexperimente von Jürgen Aschoff [3] haben das sehr anschaulich gezeigt. Bei diesen Experimenten haben Versuchspersonen sich freiwillig darauf eingelassen, von der Außenwelt völlig abgeschnitten (ohne jeden Kontakt und Information von außen, nur bei künstlichem Licht, das man beliebig ein- oder ausschalten kann, und ohne Kenntnis der Uhrzeit) für Wochen ihren Tagesablauf nach eigenem Belieben zu gestalten. Trotzdem hat sich ein ca. 24 h dauernder, zirkadianer Wach-Schlaf-Rhythmus eingestellt. Er heißt zirkadian, weil sein Rhythmus um den Tag herum (vom Lateinischen circum und dies = der Tag) verläuft. Eine Vielzahl von Untersuchungen hat inzwischen ganz klar gezeigt, dass unsere aktivsten Zeiten am Vormittag (mit Schwerpunkt früher Vormittag) und Nachmittag (mit Schwerpunkt mittlerer Nachmittag) sind. Relative inaktive Zeiten sind kurz nach Mittag und die Abendstunden. Der Tiefpunkt als die inaktivste Zeit wird in den frühen Morgenstunden erreicht. Die Vorstellung, dass einzig der Schlafdruck (durch Er- und Übermüdung) den Wach-Schlaf-Rhythmus steuert, ist falsch. Selbst bei mehrtägigem Schlafentzug lässt sich zirkadiane De- und Aktivierung mithilfe geeigneter Messungen (z. B. durch Reaktionszeitmessungen oder direkte Messung der Gehirnaktivität) nachweisen. Deswegen ist auch die manchmal geäußerte Meinung falsch, dass man umso besser schläft, je später man schlafen geht. Unser Gehirn gibt uns jenes Zeitfenster vor, in dem wir schlafen können. Optimal schläft man, wenn man dieses Zeitfenster nutzt. Je später man in diesem Zeitfenster schlafen geht, umso kürzer schläft man.

Umwelteinflüsse stehen in Wechselwirkung mit dem zirkadianen Rhythmus. Ein gutes Beispiel ist der Jetlag. Fliegt man von Europa nach Alaska, so entspricht die Flugdauer von ca. 9 h ziemlich genau der Zeitverschiebung von 9 h. Ein Passagier, der z. B. um 13 h europäischer Zeit abfliegt, kommt um 13 h Ortszeit an. Seine subjektive Zeit ist aber 22 h abends. Das bedeutet, dass für unseren Passagier um 18 h Ortszeit der zirkadiane Tiefpunkt (um ca. 3 h morgens) eingetreten ist, was z. B. beim Fahren eines angemieteten Autos fatale Folgen haben kann. Es braucht in der Regel einige Tage (bis zu einer Woche), bis sich der zirkadiane Rhythmus mit dem astronomischen Tag-Nacht-Rhythmus wieder synchronisiert. Die Tatsache, dass ein physischer (externer) Rhythmus den Gehirnrhythmus (in unserem Fall den zirkadianen Rhythmus) synchronisiert, wird in der Gehirnforschung auch „Entrainment" genannt (siehe dazu auch Abschn. 5.4).

Im zirkadianen Rhythmus sind verschiedene schnellere Rhythmen verschachtelt. So z. B. zeigen die Eigenschaften der Schlafarchitektur, dass sich nach dem Einschlafen Phasen des Tiefschlafes mit nachfolgendem REM-Schlaf in einem 90 min-Takt wiederholen. Im Tiefschlaf ist das Gehirn (aber auch der Körper) relativ inaktiv, im REM-Schlaf hingegen praktisch genauso aktiv wie bei der Durchführung einer kognitiven oder motorischen Aufgabe am Tag. REM ist die Abkürzung für Rapid Eye Movement und bedeutet, dass in dieser Schlafphase schnelle Augenbewegung (mit einer Geschwindigkeit, die ganz ähnlich wie am Tag bei der Beobachtung von bewegten Objekten oder dem Abtasten ruhender Gegenstände) gemacht werden. Weckt man in Schlafexperimenten während des REM-Schlafes Versuchspersonen auf, so werden so gut wie immer Träume berichtet. Die meisten Träume haben starke emotionale Inhalte, wobei negative Emotionen überwiegen. Nicht nur die Gehirnaktivität ist im REM-Schlaf erhöht, ebenso auch der Herzschlag, Blutdruck, aber auch die Muskelanspannung (Muskeltonus). Zusätzlich zeigen sich Perioden mit Muskelzuckungen. Der Grund dafür ist, dass im Gehirn „Befehle" für Bewegungsabläufe ausgelöst werden, die aber im Hirnstamm durch hemmende (inhibitorische) Neurone unterdrückt werden (siehe Abb. 2.3). Würde dies nicht geschehen, würden wir in den Traumphasen aufstehen und herumlaufen. Werden im Tierexperiment diese hemmenden Neurone entfernt, kann man jetzt am Verhalten der Tiere beobachten, was sie träumen. Es eröffnet sich ein einzigartiger Einblick auf die Bedeutung von Träumen. Die berühmten Untersuchungen des französischen Schlafforschers Michel Jouvet [4] haben gezeigt, dass Katzen im REM-Schlaf die Augen öffnen, ihren Kopf heben und so tun, als ob sie ihre Umgebung genau beobachten würden. Sehr häufig zeigt sich auch typisches Jagdverhalten. Die Katze pirscht sich

2 Die Verhaltensanleitungen des evolutiv alten ...

a-d Aufsteigende Bahnen, die den Wach-Schlaf-Zyklus steuern

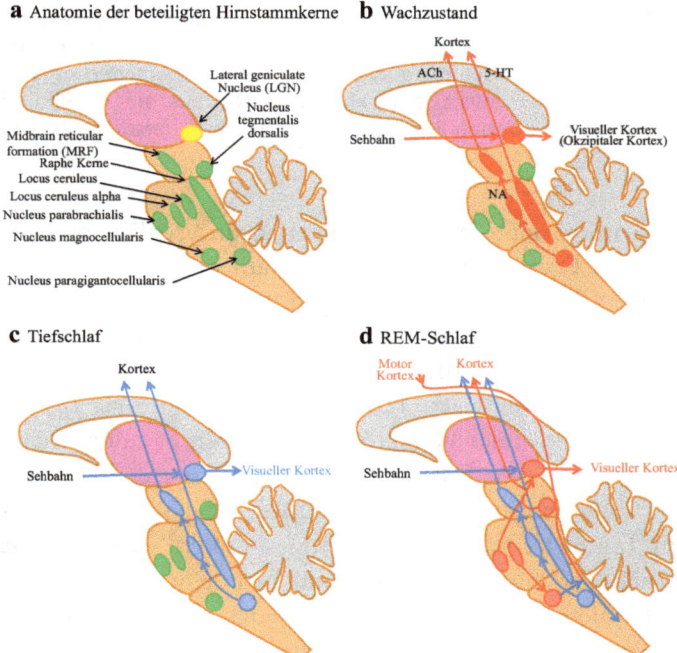

Abb. 2.3 Die wichtigsten Hirnstammkerne, die den Wach-Schlaf-Zyklus steuern, sind in a) dargestellt. Sie sind grün markiert. Der lateral geniculate Nucleus (LGN) ist ein Thalamuskern, er ist gelb eingefärbt. b) Im Wachzustand aktivieren die rot markierten Kerngebiete den Kortex. Dazu gehören der Nucleus paragigantocellularis, der Locus ceruleus und die Midbrain reticular formation sowie die Raphe Kerne. Die wichtigsten Transmitter sind Acetylcholin (ACh), Serotonin (5-HT) und Noradrelin (NA). Über die Sehbahn kommen von den Augen visuelle Reize, die im okzipitalen Kortex verarbeitet werden. Die grün markierten Kerne sind im Wachzustand nicht spezifisch aktiv. c) Jene Kerne, die im Wachzustand aktiv waren und den Kortex in einen Zustand hohen Arousals versetzten, sind im Tiefschlaf (slow wave sleep, SWS) inaktiv (blau markiert). d) Im REM-Schlaf kommt es zu einem komplexen Aktivierungsmuster. Ausgehend vom Nucleus parabrachialis und dem Nucleus tegmentalis dorsalis erfolgt über den LGN eine Aktivierung des visuellen Kortex, die

als PGO (Pontin-Geniculat-Okzipitale) Aktivierung bezeichnet wird. Zusätzlich werden Augenbewegungen ausgelöst und andere kortikale Regionen aktiviert. Dieses Aktivierungsmuster ist mit lebhaften visuellen Träumen verbunden. Vom Kortex werden über die motorischen Bahnen Aktivierungen in die Medulla geschickt, dort aber vom Nucleus magnocellularis gehemmt. So können Bewegungen „simuliert" werden, ohne sie auszuführen

langsam an eine imaginäre Maus an und schlägt plötzlich mit der Pranke zu, so als ob sie nun die Maus gefangen hätte. Gibt man der vom Jagen träumenden Katze eine Maus in den Käfig, so wird auf diese nie reagiert. Die reale Maus existiert für die träumende Katze einfach nicht. Im Traum zeigt die Katze *virtuelles Erkundungs-* und *Jagdverhalten,* aber dieses Verhalten ist deswegen paradox, weil es nie (wie im Wachzustand) ein Verhalten auf Außenreize ist. Eine interessante und plausible Hypothese ist, dass im Traum Verhalten geübt oder „simuliert" wird, das der Ernährung und somit dem Überleben dient.

In diesem Zusammenhang ist auch die im Tierexperiment gut dokumentierte Tatsache wichtig, dass im REM-Schlaf primär jene Teile der Gehirnrinde besonders aktiv sind, die im Wachzustand für Erkundungsverhalten verantwortlich sind. Das elektrische Aktivierungsmuster im REM-Schlaf ist dabei so gut wie identisch mit jenem, das man während realen Erkundungsverhaltens am Tag beobachten kann. Diese Gehirnregion heißt Hippocampus, und die dominierende elektrische Aktivität ist der hippocampale Thetarhythmus, der für die Gedächtnisbildung eine zentrale Rolle spielt [5].

Von Untersuchungen an Menschen weiß man, dass Träume sehr oft mit negativen Emotionen einhergehen. Dies mag damit zu tun haben, dass die virtuelle Probehandlung im Traum dem Training gefährlicher Situation dient. In der imaginären Welt des Traums können kritische Situationen ohne realen Schaden überstanden werden. Das Training gefährlicher Situationen im Traum bietet evolutiv wie auf individueller Ebene einen Überlebensvorteil.

2.2 Positive Emotionen: Freude, Motivation, Lust

Die Einheit von Verhalten, Gehirn und Evolution ist am Beispiel der endogen steuernden Wirkung positiver Emotionen besonders eindrucksvoll zu sehen [6]. Aus evolutiver Sicht erkennt man dabei ein sehr einfaches Prinzip: Das von positiven Emotionen angeleitete Verhalten dient unserem Überleben, wobei zwei unterschiedliche Aspekte zu berücksichtigen sind. Einerseits dient es dem individuellen Überleben und andererseits dem Überleben unserer Art. Die mit diesen unterschiedlichen Überlebensaspekten verbundenen Verhaltensweisen werden als Erkundungsverhalten (exploratory behavior, seeking behavior) und Reproduktionsverhalten (reproductive behavior) bezeichnet. Wir brauchen Nahrung und wir müssen uns vermehren. Ein Tier, das kein Erkundungsverhalten mehr zeigt, ist dem sicheren Tod geweiht, weil der Antrieb zum Auffinden von Nahrung fehlt. Eine schwere Depression ist lebensbedrohlich, weil Lebensfreude und der Anstoß zur Erkundung fehlen. Dass Fortpflanzung für das Überleben der Art notwendig ist, braucht nicht argumentiert zu werden.

Für Erkundungs- und Reproduktionsverhalten sind positive Emotionen verantwortlich, die man mit Freude, Motivation und Lust umschreiben kann. Bei Tieren dient Erkundungsverhalten primär der Nahrungssuche. Beim Menschen ist Erkundungsverhalten mit einer Vielfalt an Verhaltensweisen assoziiert, die alle eines gemeinsam haben: uns Ressourcen für ein möglichst gutes Leben zur Verfügung zu stellen. In unserer Zeit bedeutet das, genug Geld zu verdienen, um sich zumindest das Lebensnotwendige leisten zu können. Jeder Einkaufsbummel oder gar eine Weltreise sind Beispiele für Erkundungsverhalten.

Reproduktionsverhalten bei Säugetieren umfasst nicht nur Sexual-, sondern auch Brutpflegeverhalten. Beim Menschen gibt es zusätzlich eine Vielfalt an Verhalten, das für das Überleben der Art nützlich ist. Dazu gehören soziales, empathisches, pflegendes und selbstloses Verhalten. Interessant ist die Tatsache, dass im Vergleich zu allen anderen Tieren beim Menschen die Brutpflege besonders lang dauert. Das Neugeborene kann ohne Hilfe der Eltern (oder Erziehender) nicht überleben. Setzt man als Kriterium für die Selbstständigkeit unserer Kinder die Erwerbstätigkeit an, dann dauert die Brutpflege (in unserer Kultur) zwischen ca. 16 und 30 Jahren, wenn man im letzten Fall z. B. an ein langes Studium (oder Ausbildung) denkt, das von den Eltern finanziert wird. Bei einer angenommenen durchschnittlichen Lebenserwartung von 75 Jahren sind das 21 bis 40 % unserer Lebenszeit. Man weiß auch, warum das so ist. In der Evolution der Hominiden spielt Intelligenz und Gehirngröße die entscheidende Rolle. Keine andere Tierart hat so sich so stark wie der Homo sapiens auf Gehirnleistung spezialisiert. Beim neugeborenen Kind ist das Gehirn im Vergleich zu allen anderen Organen und Körperteilen überproportional groß und es verbraucht auch am meisten Energie. Untersuchungen zeigen, dass (entwicklungsgeschichtlich gesehen) der Zeitpunkt der Geburt vom Energiehunger des Gehirns bestimmt wird: Um einerseits die notwendige Energie bereitzustellen und um andererseits den Geburtskanal noch passieren zu können, muss das Baby nach neun Monaten den

Mutterleib verlassen. Das überproportionale Gehirnwachstum ist der eigentliche Grund dafür, dass Babys im Vergleich zu anderen Säugetierkindern als „Frühgeburten" einzustufen sind [7]. Die lange Brutpflege hat ebenfalls mit dem langen Gehirnwachstum und der Lernleistung zu tun, die bis zur Pubertät und darüber hinaus (je nach Art und Umfang der Ausbildung) andauert.

Das durch positive Emotionen angestoßene Verhalten ausüben zu können, gibt uns das Gefühl von Freiheit. Werden wir jedoch daran gehindert, treten negative Emotionen in Erscheinung, wie z. B. Angst oder Wut. Diese Beobachtung ist deswegen interessant, weil sie uns zeigt, dass es nur zwei Arten von Emotionen gibt: positive und negative. Die positiven sind jene, die unter günstigen Lebensbedingungen dominieren, die negativen treten in Erscheinung, wenn wir in irgendeiner Art an der Ausübung unseres endogen angesteuerten Verhaltens zur Erkundung und Reproduktion gehindert werden. Positive Emotionen kennzeichnen den emotionalen „Standard"- oder „default"-Zustand.

2.2.1 Die neurobiologischen Grundlagen positiver Emotionen

Wir alle wissen, dass ohne Lebensfreude der Alltag grau und sinnlos erscheint. Jene Gehirnstruktur, die uns diese positive emotionale Stimmung vermittelt, ist das evolutiv uralte, aufsteigende dopaminerge System. Wie Abb. 2.4 zeigt, besteht es aus einem neuronalen Netzwerk, das von Hirnstammkernen der Substantia nigra und dem ventralen Tegmentum hinauf in die Basalganglien und – besonders wichtig – bis in die evolutiv jüngste Gehirnregion, den präfrontalen Kortex, zieht.

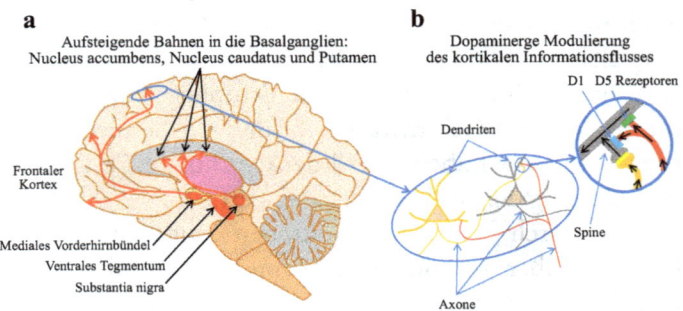

Abb. 2.4 Die wichtigsten Regionen des aufsteigenden dopaminergen Systems im menschlichen Gehirn sind in a) skizziert. Das Prinzip der kortikalen Verschaltung dopaminerger Axone im frontalen Kortex ist in b) dargestellt. In der blauen Ellipse sind zwei kortikale Pyramidenzellen gezeichnet, deren Dendriten von dopaminergen Axonen (rot) aktiviert werden können. Die Vergrößerung im blauen Kreis (ganz rechts) zeigt die synaptischen Verbindungen. Kortiko-kortikale Verbindungen (gelb gefärbt) haben glutamaterge Synapsen (hellgelb) primär am Spinekopf. Im Gegensatz dazu haben dopaminerge Verbindungen Synapsen am Spinehals (blau) und direkt am Dendritenast (grün). Diese Synapsen haben unterschiedliche Dopaminrezeptortypen, die als D1 und D5 bezeichnet werden. Die Lage der dopaminergen Synapsen am Spinehals und am Dendritenast ist ideal, um den kortiko-kortikalen Aktivierungsfluss direkt und unmittelbar beeinflussen bzw. modulieren zu können. Die schwarzen Pfeile geben die Richtung der Signalausbreitung an

Zu den ersten empirischen Arbeiten, die ihre Funktion untersucht haben, zählen Tierexperimente, in denen Ratten sich selbst elektrisch (in einer physiologisch verträglichen und nicht schädigenden Stromstärke) stimulieren konnten [8]. Wurden Elektroden in das ventrale Tegmentum oder in andere Regionen des aufsteigenden dopaminergen Systems gesetzt, so hörten die Versuchstiere nicht auf, sich selbst zu stimulieren

2 Die Verhaltensanleitungen des evolutiv alten ...

Selbststimulierung und das Belohnungssystem

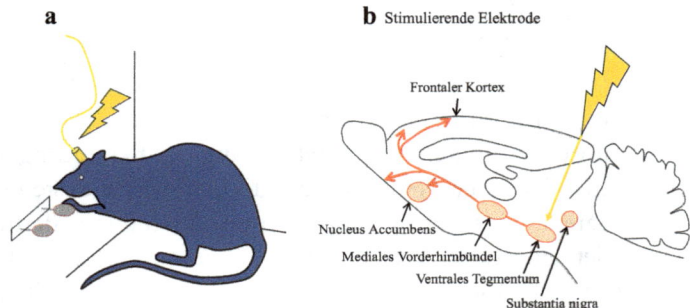

Abb. 2.5 Vor ungefähr 70 Jahren haben James Olds und Peter Milner von der McGill University in Montreal [8] Selbststimulierung an Ratten untersucht. In a) ist die Versuchsanordnung dargestellt. In einem Käfig befinden sich zwei Tasten. Die linke Taste ist mit einem Mechanismus verbunden, der ein Stück Futter in den Käfig rollen lässt. Die rechte Taste gibt einen stimulierenden Impuls in das Gehirn (durch einen gelben „Blitz" dargestellt). Nachdem die Ratte in den Käfig gesetzt wird, beginnt sie ihn zu erkunden. Nach dem Prinzip von Zufall und Irrtum (trial and error) kommt es auch zur Betätigung der Tasten. Hat die Ratte den stimulierenden Effekt der rechten Taste entdeckt, hört sie mit der Selbst-Stimulierung nicht mehr auf. Nur das Abdrehen des Stroms beendet dieses Verhalten. In b) sind die wichtigsten Regionen des aufsteigenden dopaminergen Systems des Rattengehirns skizziert. Elektrische Impulse, die über eine implantierte Elektrode in dieses aufsteigende System appliziert werden, führen zur Selbststimulation

(Abb. 2.5). Auch dann, wenn man hungrigen oder durstigen Tieren verlockende Nahrung bzw. Wasser gab, wurde die Selbststimulation nicht unterbrochen. Sie wurden, so die ursprüngliche Interpretation, süchtig nach Belohnung. Diese war wichtiger, als Hunger oder Durst zu stillen. Schaltete man den stimulierenden Strom aber aus, war der „Spuk" vorüber und die Versuchstiere zeigten wieder normales Verhalten.

Heute weiß man, dass alle Substanzen, die die Herstellung (Synthese) von Dopamin unterstützen (man bezeichnet sie als Dopamin Agonisten), auch die Intensität des Belohnungsverhaltens verstärken. Umgekehrt führen Dopamin Antagonisten (Substanzen, die die Synthese von Dopamin unterbinden) zur Herabsetzung des Belohnungsverhaltens. Steht den Neuronen des dopaminergen Systems für längere Zeit zu wenig Dopamin zur Verfügung, dann schwindet die Lebensfreude und Depression stellt sich ein. Man sieht die Welt durch eine graue, düstere Brille. Alles erscheint negativ und ein in die Zukunft gerichtetes motiviertes Verhalten („Schaffens- oder Gestaltungsdrang") bleibt aus. Dahinter steht die zu schwache Erregung des präfrontalen Kortex (eine Gehirnregion, die für Planung eine wichtige Rolle spielt), verursacht durch die mangelnde Stimulierung des aufsteigenden dopaminergen Systems [9]. Die Lage dopaminerger Synapsen am Spinehals und am Dendritenschaft kortikaler Neurone ist in Abb. 2.4b illustriert. Sie ist ideal gelegen, um den kortiko-kortikalen Aktivierungsfluss direkt und unmittelbar zu modulieren. Ergänzend soll noch angemerkt werden, dass auch Noradrenalin und Serotonin ebenfalls eine wichtige Rolle spielen, aber nicht in dem Maß wie Dopamin.

Jüngere Untersuchungen bestätigen die zentrale Rolle, die das dopaminerge System für positive Emotionen spielt, zeigen aber eine interessante Differenzierung zwischen Freude vermittelndem motivierten Verhalten und Lust [10]. Demnach ist das dopaminerge System primär für motiviertes Verhalten, das heißt für das Umsetzen eines Wunsches oder Zieles, verantwortlich. Für das Erleben von Lust hingegen scheint die Aktivierung des Opioid-Systems notwendig zu sein. Als Beispiel kann man auf die Symptomatik von Parkinson-Patienten hinweisen, die unter den Folgen eines Dopaminmangels der Neurone in der Substantia nigra leiden. Trotz dieses Mangels zeigen sie motiviertes Verhalten (und Freude daran), haben aber Schwierigkeiten, Bewegungen zu steuern und zu initiieren. Ein Grund für diese Differenzierung ist, dass das aufsteigende dopaminerge System – wie in Abb. 2.4a gezeigt – zwei Äste aufweist, einen „kognitiven", der in den frontalen Kortex, und einen „motorischen", der in die Basalganglien abzweigt. Da die motorische Bahn primär von der Substantia nigra ausgeht, ist auch zu erwarten, dass die motorischen Probleme im Vordergrund stehen. Eine wahre Anekdote verdeutlicht diese Zusammenhänge: Ein Parkinson-Patient steht vor einer Fußgängerampel, die Rot zeigt. Er weiß, dass es ihm schwerfällt loszugehen, wenn die Ampel auf Grün springt. Deswegen bittet er seinen Nachbarn, der ebenfalls vor der Ampel wartet, ihm laut „los" zuzurufen, wenn es Grün wird. Diese zusätzliche Stimulierung von außen führt zu einer erhöhten kortikalen Erregung und erleichtert die Initiierung der Bewegung.

Das aufsteigende dopaminerge System dominiert im Normalfall (bei einigermaßen günstigen Voraussetzungen) unser Alltagsleben. Seine dominierende Bedeutung wird auch durch Untersuchungen zum emotionalen Erleben bestätigt. Sie zeigen, dass sich die meisten Menschen als froh einschätzen. In einer groß angelegten internationalen Untersuchung an über 1,1 Millionen Menschen wurde festgestellt, dass 93 % aller Befragten angaben, froh zu sein, 4 % konnten sich nicht entscheiden und nur 3 % sagten, sie wären unglücklich [11]. Interessanterweise gibt es keine Unterschiede zwischen Männern und Frauen, zwischen jungen und alten Menschen und (ab einer gewissen Einkommenshöhe) zwischen besser und weniger gut verdienenden Menschen. Diese positive emotionale Grundstimmung ist eine endogen vorgegebene Verhaltensanleitung. Sie ist verantwortlich für das, was man als Erkundungsverhalten (exploratory oder seeking behavior) bezeichnet.

2.2.2 Sexualverhalten: Eine Verhaltensanleitung im Dienste der Reproduktion

Für uns ist es selbstverständlich, dass es Fortpflanzung gibt. Dass dies so ist, ist eine der Erfolgsgeschichten der Evolution. Wie tiefgreifend diese Feststellung ist, zeigt folgende Überlegung: Die Entwicklungsgeschichte der Hominiden, denen wir angehören, umfasst ca. fünf Millionen Jahre. Würde jetzt die Fortpflanzung zusammenbrechen, dann wären wir Menschen (mit einer durchschnittlichen Lebenserwartung von 60 bis 80 Jahren, je nach Geschlecht und Region in unserer Welt) in nur 0,000014 % dieser Zeitspanne ausgestorben.

Es ist deswegen nicht überraschend, dass die Evolution viel in die genetisch fixierte Ansteuerung jener Verhaltensweisen investiert hat, die dafür sorgen, dass wir uns vermehren, und ebenso wichtig, dass das Heranwachsen und die Erziehung unserer Kinder (die „Brutpflege") funktionieren. Gut erforscht ist, wie Sexualhormone auf Gehirnreifung und Reproduktionsverhalten wirken [12]. Bereits im Mutterleib sorgt die Ausschüttung von Testosteron eines Embryos mit XY-Chromosomen für das gezielte Wachstum jener Gehirnstrukturen, die später für männliches Sexualverhalten und generell für „männliches" Verhalten verantwortlich sind. Wichtig ist auch zu wissen, dass die Bildung und Ausreifung des männlichen Körpers zwar ebenfalls über Testosteron, aber über einen zusätzlichen chemischen Pfad (5-Alpha-Reductase und Dihydro Testosteron) erfolgt. Bei einem Embryo mit XX-Chromosomen fehlt die Ausschüttung von Testosteron, was zur Ausbildung eines weiblichen Gehirns führt. Die Ausbildung eines weiblichen Körpers erfolgt durch Ausschüttung von Östrogenen. Die Tatsache, dass der

Ausbildung eines männlichen oder weiblichen Gehirns und Körpers jeweils unterschiedliche neurohormonelle Prozesse zugrunde liegen, führt zu einem „Variantenreichtum", den ein Kollege von mir den erstsemestrigen StudentInnen mit folgender Frage veranschaulicht hat: Wie viele Geschlechter gibt es? Natürlich war die Antwort immer: Mann und Frau, also zwei Geschlechter. Was die Studierenden intuitiv gemeint haben (und die meisten von uns wohl meinen), ist, dass ein Mann einen männlichen Körper mit einem männlichen Gehirn und eine Frau einen weiblichen Körper mit einem weiblichen Gehirn hat. Aber es gibt ebenso – wenngleich viel seltener – einen männlichen Körper mit einem weiblichen Gehirn und einen weiblichen Körper mit einem männlichen Gehirn. Die richtige Antwort auf die Frage meines Kollegen ist daher: vier Geschlechter. Die beiden „zusätzlichen" Geschlechter bilden die biologische Grundlage für Homosexuelle bzw. Lesben.

Durch die Fortpflanzung kommt es zur Durchmischung von Genen. Dies ist für das Überleben jeder Art entscheidend. Eine Verarmung des Genpools, z. B. durch permanente Inzucht, führt dazu, dass die Nachkommen nicht mehr lebensfähig sind. Generell gilt: Je besser die Gene durchmischt werden, desto „fitter" sind die Nachkommen. Dies dürfte auch der Grund dafür sein, dass höher entwickelte Säugetiere – statistisch gesehen – zur Monogamie neigen. Hat ein Männchen mehrere Weibchen, so ist die Durchmischung der Gene weniger gut als bei monogamen Beziehungen.

2.2.3 Sexuelle Selektion

Eine gut erforschte Verhaltensanleitung ist die sexuelle Selektion. Sie besteht darin, dass bei der Partnerwahl (instinktiv) jener/jene ausgewählt wird, der/die reproduktiv am fittesten bzw. erfolgversprechendsten ist. All jene Merkmale, die beim Partner/Partnerin sexuell attraktiv sind, sind gleichzeitig auch jene, die reproduktiv am wichtigsten sind. Die Attraktivitätsmerkmale von Mann und Frau sind sehr unterschiedlich. Generell gilt, dass Alter, Körperbau und Schönheit die wichtigste Rolle spielen. Jüngere und schöne Frauen sind nicht nur attraktiver, sondern auch reproduktiv potenter. Ein interessantes Beispiel ist das Taille-Hüft-Verhältnis (waist to hip ratio), das mit einem Wert von ca. 0,7 oder etwas weniger von Männern als besonders attraktiv angesehen wird [13]. Ein Wert unter 1 bedeutet, dass der Hüftumfang größer als der Bauchumfang ist. Er erreicht den optimalen Wert in etwa zur Zeit der Pubertät. In den Wechseljahren nimmt dieser Wert zu, weil der Bauchumfang zunimmt. Ein optimaler Wert zwischen Taille und Hüfte signalisiert nicht nur Fruchtbarkeit, sondern auch Gesundheit einer Frau. Bei Männern spielen Alter, Körperbau und Schönheit ebenfalls eine wichtige Rolle. Der Körperbau des Mannes ist attraktiv, wenn er Kraft signalisiert. Dies wahrscheinlich deswegen, weil evolutiv gesehen ein kräftiger männlicher Partner besser imstande war, bei der langen Brutpflege für die notwendigen Ressourcen zu sorgen.

Wenig bekannt ist, dass Schönheit objektiv messbar ist. Ein symmetrisches Gesicht wirkt schöner als ein weniger symmetrisches Gesicht. Untersuchungen zur Körpersymmetrie haben zu einem erstaunlichen Ergebnis geführt. Menschen mit symmetrischem Körper werden nicht nur als schöner eingestuft als jene mit weniger symmetrischem Körperbau, sie sind auch sexuell attraktiver, gesünder und haben eine höhere Lebenserwartung [14]. Bei diesen Untersuchungen wird der ganze Körper für alle bilateral angelegten Körperteile, vom Kopf bis zu den Fußknochen

2 Die Verhaltensanleitungen des evolutiv alten ...

vermessen. Dann wird die Summe der (absolut gesetzten) Differenzwerte für jeden linken Körperteil (z. B. die Länge des Zeigefingers) relativ zum korrespondierenden rechten Körperteil gebildet. Bei einem vollständig symmetrischen Körper wäre dieser Wert gleich null. Je größer der errechnete Wert, umso asymmetrischer ist der Körperbau. Beobachtet man eine größere Stichprobe von Versuchspersonen über einen längeren Zeitraum, dann kann man feststellen, dass ein positiver Zusammenhang zwischen dem Asymmetriewert und Krankheit besteht: Menschen mit asymmetrischem Körper werden häufiger krank.

Schönheit in Form eines symmetrischen Gesichtes ist direkt wahrnehmbar. Im Gegensatz dazu ist die Asymmetrie von Körperteilen (wie z. B. der Finger, Arme oder Beine) praktisch nicht sichtbar und die Frage ist, wie sie für sexuelle Selektion eine Rolle spielen kann. Schon Darwin [15] hat vermutet, dass der Bewegungsausdruck im Tanz bei der Partnerwahl selektive Funktion hat. Diese Hypothese wurde in einer originellen Untersuchung an Tänzerinnen und Tänzern überprüft, die einzeln während eines Musikstückes mit einer Videokamera gefilmt wurden [16]. Anschließend wurden diese Filme einer Gruppe von Versuchspersonen gezeigt. Das Besondere war, dass man nicht die gefilmten Personen gezeigt hat, sondern (mithilfe einer Computeranimation) eine standardisierte Puppe, die nur die Bewegung des Tänzers oder der Tänzerin wiedergibt. Die Versuchspersonen sahen Sequenzen verschiedener Tänze, die immer von derselben Figur ausgeführt wurden. Jede Sequenz stammte aber von einem anderen Tänzer oder einer anderen Tänzerin. So konnte vermieden werden, dass das Aussehen der Tänzerin oder des Tänzers bei der Beurteilung des Tanzes eine Rolle spielt. Die Aufgabe der Versuchspersonen bestand einfach darin anzugeben, wie gut die Figur tanzt. Das erstaunliche Ergebnis: Stammte die Bewegung von einem Tänzer oder einer Tänzerin mit hoher Körpersymmetrie, wurden die Bewegungen als attraktiv eingestuft, stammten sie von jemand mit starker Asymmetrie, wurden sie als unattraktiv eingestuft. Den Versuchspersonen war es auch möglich zu unterscheiden, ob der Tanz von einem Mann oder Frau stammt. Besonders interessant ist aber der Befund, dass Frauen die Körpersymmetrie der Tänzer wesentlich besser einschätzen konnten als Männer. Das heißt, dass sie ein wesentlich besseres Gespür für die Gesundheit (und damit auch für die besseren Gene) des Partners haben als Männer. Dies entspricht der in vielen Untersuchungen gefundenen Tatsache, dass Frauen – stärker als Männer – zur Wahl des Partners beitragen. Das bedeutet, dass sexuelle Selektion primär in der Hand der Frauen liegt. Die evolutive Strategie, die hinter diesem Verhalten steht, bezeichnet man mit „attract and select", was so viel bedeutet wie: Sei attraktiv und wähle dir den besten Partner aus.

Körpersymmetrie ist nur ein Merkmal von vielen, das bei der sexuellen Selektion eine Rolle spielt. Hochöstrogene Frauen z. B. haben Körperbewegungen, die attraktiv auf Männer wirken. Von Untersuchungen an Säugetieren weiß man, dass Körpergerüche (Pheromone) das Reproduktionsverhalten steuern. Pheromone wirken wie Hormone, aber im Unterschied zu diesen verlassen sie über Ausdünstung den Körper. Ein Tier, das Pheromone ausschüttet, hat unmittelbaren Einfluss auf das Verhalten eines anderen Tieres, sofern seine Geruchsrezeptoren eingeschaltet sind. Pheromone werden nicht von normalen Geruchsrezeptoren, sondern von einem speziellen Organ, dem vomeronasalen Organ aufgenommen. Es ist bei weiblichen Tieren dann eingeschaltet, wenn der Östrogenspiegel hoch ist. Auch bei Menschen ist das vomeronasale Organ nachgewiesen und seine Bedeutung für das Sexualverhalten untersucht [17].

2 Die Verhaltensanleitungen des evolutiv alten ...

Weibliche Pheromone, die Kopuline, wirken attraktiv auf Männer, männliche Pheromone, wie z. B. Androstenon, wirken zyklusabhängig attraktiv auf Frauen. In einer Untersuchung von Karl Grammer wurde die Rolle von Androstenon (dem dominanten Geruchsstoff des männlichen Achselschweißes) auf die Partnerwahl von Frauen untersucht [18]. Weibliche Versuchspersonen hatten die Aufgabe, den Geruch von Androstenon zu beurteilen. Es zeigte sich, dass nur zum Zeitpunkt der Ovulation Androstenon als attraktiv bewertet wurde. Allerdings gibt es sehr große Unterschiede in der weiblichen Bewertung. Manche Androstenonproben werden als attraktiv eingeschätzt, andere jedoch nicht. Heute weiß man, dass diese Unterschiede mit den Eigenschaften des Immunsystems des Mannes zu tun haben. Hinter der subjektiven Attraktivität von Androstenon stecken genetisch fixierte Eigenschaften des Immunsystems des Mannes, die das Immunsystem der Frau optimal ergänzen [19]. Dies fördert die Abwehrfähigkeit von Infektionskrankheiten der Kinder dieses Paares. Sexuelle Selektion ist abhängig vom Hormonspiegel und wirkt bei Frauen primär dann, wenn sie im fertilen Zeitbereich ihres Zyklus sind. Dies bedeutet aber auch, dass Frauen, die Kontrazeptiva nehmen, weniger auf männliche Pheromone reagieren und daher auch weniger selektiv auf potenzielle männliche Partner ansprechen können. Selbstverständlich ist auch bei Männern sexuelle Selektion abhängig vom Hormonspiegel, ein hoher Testosteronspiegel erhöht die Paarungsbereitschaft. Aber auch der Hormonspiegel der Partnerin spielt eine wichtige Rolle. Werden im Experiment Männern Porträtfotos von Frauen gezeigt und gebeten, ihre Attraktivität einzuschätzen, dann fällt diese um Wesentliches höher aus, wenn gleichzeitig der Geruch von Kopulinen dargeboten wird.

Natürlich sind Pheromone nicht die einzigen Kriterien für sexuelle Selektion. Es gibt noch eine Vielzahl anderer, zu denen z. B. Intelligenz oder die potenziellen Brutpflegeeigenschaften (z. B. die Ressourcen des männlichen Partners) zählen. Generell gilt, dass Frauen bei der Partnerwahl selektiver sind als Männer und dass sexuellen Selektion dazu dient, jenen Partner/jene Partnerin auszuwählen, der/die für die Kinder optimale Überlebensbedingungen schafft.

2.2.4 Verhaltensanleitungen für und Persönlichkeitseigenschaften von Männern und Frauen

Persönlichkeitsmerkmale und Verhaltenseigenschaften sind unterschiedlich für Männer und Frauen. Bei Männern steht die erfolgreiche sexuelle Selektion im Rahmen der „mating competition" im Vordergrund. Das hat dazu geführt, dass Männer, die sich besser gegen andere Männer durchsetzen können und besser für Ressourcen sorgen als ihre Konkurrenten, bessere Fortpflanzungschancen haben und damit ihre Gene auch besser weitergeben können. Wie subtil sexuelle Selektion funktioniert, zeigt eindrucksvoll eine kalifornische Studie aus den 1980er-Jahren an lesbischen Frauen mit Kinderwunsch. In der Samenbank wählen sie Samen jener (anonymisierten) männlichen Spender aus, die jene Eigenschaften aufweisen, die genau in das evolutiv geprägte Bild eines erfolgreichen Mannes passen: Groß, kräftig, eher dominant und intelligent soll er sein.

Bei Frauen hingegen gibt es eine Reihe von Merkmalen und Eigenschaften die nicht mit sexueller Selektion, aber mit Brutpflege in Zusammenhang stehen. Es handelt sich hier um verschiedene Formen des Selbstschutzes, die

2 Die Verhaltensanleitungen des evolutiv alten ...

im Rahmen der „Stay Alive Theory" (SAT) beschrieben werden [20]. Dazu gehören Verhaltensanleitungen, die durch Emotionen vermittelt werden. Frauen sind tendenziell weniger aggressiv, aber ängstlicher und furchtsamer als Männer. Deswegen tendieren Frauen dazu, Konflikte eher zu vermeiden und Gefahren (aus der sozialen und physischen Welt) früher zu erkennen und sich eher zu schützen als Männer. Frauen zeigen auch mehr Empathie und integratives Sozialverhalten als Männer und haben deswegen auch stärkere Bindungen zu anderen Menschen als Männer. Ihre Empathie führt auch dazu, dass sie Emotionen generell besser erkennen und interpretieren können als Männer. Bedenkt man, dass Verlust sozialer Bindung und die damit verbundene Isolation mit stark herabgesetzter Lebenserwartung einhergehen [21], dann ist klar, dass integrativ-gebundenes Sozialverhalten wichtig für den individuellen Selbstschutz ist.

Frauen haben auch ein stärkeres Immunsystem und überstehen daher Krankheiten besser als Männer. Aber es ist nicht nur das (biologische) Immunsystem, das sie besser vor Krankheiten schützt, auch ihr durch Emotionen gesteuertes Verhalten schützt sie besser vor Krankheiten. So reagieren Frauen stärker als Männer mit Ekel und daher mit Vermeidung auf potenzielle Parasiten (wie z. B. Würmer) oder potenziell krank machende Substanzen (wie z. B. verdorbene Speisen).

Eine im Jahr 2020 durchgeführte Studie an Corona-Patienten mit schwerem Verlauf hat gezeigt, dass in Stichproben, die aus sieben verschiedenen in England lebenden ethnischen Gruppen (die z. B. aus Indien oder Afrika stammen) gezogen wurden, Frauen weniger häufig am Virus sterben als Männer [22, 23]. Dieses Ergebnis zeigt sich auch dann in allen ethnischen Gruppen, wenn man Risikofaktoren wie Alter, sozioökonomischen Status oder Vorerkrankungen berücksichtigt. Der schützende, auf

Verhalten beruhende Lebensstil von Frauen, aber auch ihr besseres Immunsystem führen dazu, dass sie eine deutlich höhere Lebenserwartung haben als Männer. Dies gilt weltweit für alle untersuchten Nationen und ethnischen Gruppen.

Allerdings hat der schützende Lebensstil auch in gewisser Hinsicht seinen Preis. Die stärker ausgeprägte Ängstlichkeit und Furchtsamkeit führt bei Frauen auch zu einer höheren Anzahl von Angststörungen und zu häufigeren Fällen von Schlafstörungen. Frauen tendieren generell dazu, im Schlaf häufiger aufzuwachen als Männer, eine Tatsache, die mit einer evolutiv entstandenen Schutzfunktion vor Gefahren interpretiert wird. Im Zusammenhang mit gesteigerter Ängstlichkeit kann dies zu Schlafstörungen führen.

2.3 Negative Emotionen

Generell gilt: Positive wie negative Emotionen sind angeboren, aber im Gegensatz zu positiven brauchen negative Emotionen Auslöser. Negative Emotionen sind situationsabhängig, weil sie ursprünglich immer eine Reaktion auf unerwünschte Ereignisse sind (Ausnahmen betreffen pathologische Veränderungen). Sie sind vergleichsweise vielfältig, da es viele verschiedene Möglichkeiten gibt, das emotionale Gleichgewicht (Homöostase) zu stören und wiederherzustellen. Zu den wichtigsten negativen Emotionen gehören Angst, Wut, Ärger und Aggression. Wir fürchten uns davor, unser Eigentum zu verlieren oder Opfer eines Gewaltverbrechens zu werden, wir haben Angst, unsere Beziehungspersonen zu verlieren, wir werden wütend, ärgern uns oder werden (verteidigend) aggressiv, wenn man uns an der Ausübung unseres Verhaltens hindert, und wir werden depressiv, wenn unsere

Situation auf Dauer aussichtslos erscheint. Auch Ekel ist eine negative Emotion. Sie wird ausschließlich durch einen externen physischen Reiz (wie z. B. eine verdorbene Speise oder einen Kadaver) ausgelöst. Im Gegensatz zu Angst ist Aggression ein sehr heterogenes Phänomen, das sehr unterschiedliche Verhaltensweisen umfasst, die vor allem im Tierexperiment gut untersucht sind.

2.3.1 Die neurobiologischen Grundlagen von Angst und (verteidigender) Aggression

Zwischen Angst und einer bestimmten Form von Aggression, der verteidigenden Aggression (defensive oder fear induced aggression), besteht ein direkter Zusammenhang. Beide Emotionen entstehen in den Mandelkernen des limbischen Systems und sie entfalten ihre Wirkung erst dann, wenn es eine spezifische Ursache gibt [24]. Dies ist meist ein externer Reiz, wie z. B. eine bedrohliche Situation, es kann aber auch ein interner Reiz (z. B. plötzlicher Schmerz, eine Erinnerung an eine gefährliche Situation oder das Ergebnis eines Denkprozesses) sein. Das Erleben einer besonders bedrohlichen Situation kann zum Trauma führen. Die Erinnerungen bleiben bestehen, können praktisch nicht mehr gelöscht werden und wirken angstauslösend, sobald sie wieder ins Bewusstsein treten. Emotionale Erinnerungen sind besonders resistent gegen Vergessen und begleiten uns oft ein Leben lang.

Lern- und Gedächtnisprozesse spielen bei negativen Emotionen eine wichtige Rolle, weil wir lernen müssen, bedrohliche Situationen in Zukunft zu vermeiden. Das klassische wissenschaftliche Paradigma zur Untersuchung dieser Frage sind Lernversuche im Tierexperiment, bei denen Ratten angstauslösenden Situationen ausgesetzt werden. Es wird als Angstkonditionierungsparadigma

Angstkonditionierung

1) Ein neutraler akustischer Reiz tönt aus einem Lautsprecher. Es ist der konditionierte Reiz, KR

2) Die Ratte reagiert neugierig, sie zeigt Erkundungsverhalten.

3) Der akustische Reiz wird gemeinsam mit einem schmerzhaften Stromstoß (dem unkonditionierten Reiz, UKR) dargeboten.

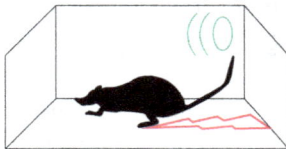

4) Die Ratte hat Angst, sie erstarrt (freezing), Blutdruck und Puls sind stark erhöht.

5) Der KR allein löst Angst aus. Die Ratte ist auf diesen Reiz angstkonditioniert.

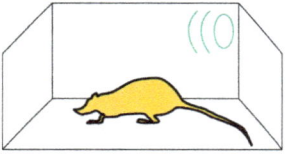

Abb. 2.6 Das Prinzip der Angstkonditionierung ist sehr einfach, es gelten drei Regeln: (i) Der konditionierte Reiz (KR) muss ein emotional neutraler Reiz sein. (ii) Der unkonditionierte Reiz (UKR) muss Furcht oder Angst auslösen. (iii) Beide Reize, der KR und der UKR, müssen gleichzeitig oder zeitnah dargeboten werden. Dann löst auch der ursprünglich neutrale Reiz allein Furcht oder Angst aus

bezeichnet [25]. Wie in Abb. 2.6 veranschaulicht, wird eine Ratte in einen Käfig gesetzt, in dem sich, eingebaut im Fußboden, ein Drahtgitter befindet. Durch dieses kann ein Stromstoß geschickt werden, der beim Versuchstier einen schmerzhaften Reiz auslöst. Zu Beginn des Experiments läuft die Ratte im Käfig umher und beginnt, ihre neue Umgebung zu erkunden. Dann ertönt ein akustisches Signal, die Ratte reagiert neugierig und läuft in Richtung der Schallquelle. Nach einiger Zeit ertönt das gleiche akustische Signal, diesmal aber gleichzeitig mit einem schmerzhaften Stromstoß. Da die Ratte natürlich nicht wissen kann, woher der schmerzende Reiz kommt, bleibt sie erschrocken stehen, sie „erstarrt" vor Angst, begleitet von einer Kette vegetativer Reaktionen: Kortison und Adrenalin werden ausgeschüttet, Herzschlag und Blutdruck steigen plötzlich an. Das akustische Signal ist ursprünglich ein neutraler Reiz. Durch die Erfahrung im Versuch wird es aber zum Angstauslöser. Gibt man die Ratte später wieder in den Käfig und lässt man den gleichen Reiz wieder erklingen, so kommt es zur gleichen Angstreaktion wie vorher. Die Ratte erstarrt und dieselben physiologischen Vorgänge laufen wieder ab wie beim schmerzauslösenden Reiz. Die Ratte hat gelernt, dass der akustische Reiz Gefahr bedeutet. Jene Gehirnregionen, die für das Erleben der Angst und die unmittelbare Reaktion verantwortlich sind, sind die Mandelkerne (Amygdala) des limbischen Systems. Würde man den Einfluss der Mandelkerne im Tierexperiment unterdrücken, würde die Ratte völlig furchtlos auf den akustischen Reiz reagieren.

Die Anatomie der Angstreaktion besteht im Wesentlichen aus zwei Schaltkreisen, einem thalamo-limbischen, in dem die Mandelkerne die entscheidende Rolle spielen, und einem kortiko-limbischen Schaltkreis, der den Einfluss der Mandelkerne kontrollieren und modifizieren kann [24]. Die Mandelkerne können das Verhalten in gefährlichen Situationen unmittelbar und ohne Beteiligung des Kortex (siehe Abb. 2.7) steuern. Die emotionale Verhaltensanleitung kann man plakativ mit Flucht/Verstecken („flight") oder Angriff/Aggression („fight") beschreiben. Der Vorteil dieses Schaltkreises ist die rasche Reaktion. Der Nachteil ist, dass zwar rasch, aber auch falsch reagiert werden kann (z. B. mit einem Angriff, dem das Tier nicht gewachsen ist). Um die richtige Entscheidung zu treffen, braucht es den kortikalen

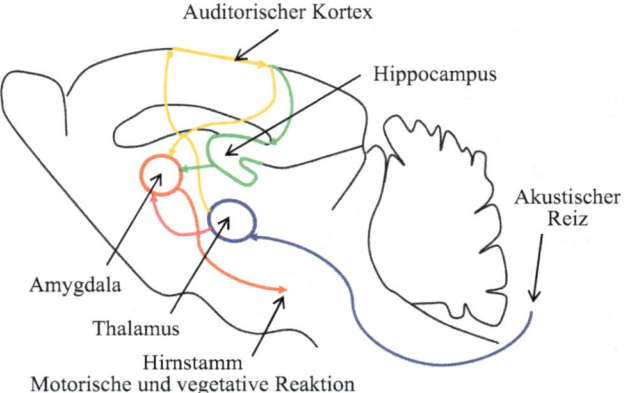

Abb. 2.7 In welcher Gehirnregion erfolgt die emotionale Bewertung? Am Beispiel der Angstkonditionierung mit einem akustischen Reiz (KR) wurde diese Frage am Rattengehirn im Detail untersucht. Die Antwort: Die Mandelkerne (Amygdala) des limbischen Systems machen die emotionale Bewertung. Die verschiedenen Stationen der Reizverarbeitung sind durch die farbig gezeichneten Strukturen dargestellt. Der akustische Reiz wird zuerst im Thalamus verarbeitet und das verarbeitete Ergebnis wird an die Mandelkerne und gleichzeitig an die Hirnrinde weitergeleitet. Die Amygdala machen eine erste Bewertung, ob es sich um den KR handelt. Falls ja, wird sofort eine motorische und vegetative Reaktion eingeleitet. Das Tier zeigt „freezing". Dies ist die subkortikale Angstreaktion (rot dargestellt), die ohne Beteiligung des Kortex abläuft. Inzwischen erfolgt im Kortex und Hippocampus eine komplexe Reizverarbeitung (gelb und grün dargestellt). Der Kortex analysiert z. B. Tonhöhe und Dauer des Reizes, der Hippocampus überprüft den Kontext der Reizdarbietung (z. B. in welchem Käfig und in welcher Ecke des Käfigs wurde der Reiz dargeboten). Bestätigt die kognitive Analyse, dass es sich tatsächlich um den KR handelt, bleibt die Angstreaktion der Amygdala aufrecht. Wird aber festgestellt, dass der dargebotene Reiz dem KR nur ähnlich ist, wird die Angstreaktion von den Mandelkernen blockiert

Schaltkreis, der dazu dient, die angstauslösende Situation zu analysieren und kognitiv zu bewerten. Dies benötigt aber Zeit und so zeigt sich ein grundsätzliches Dilemma: Der thalamo-limbische Schaltkreis reagiert rein emotional auf der Grundlage einer vorläufigen Bewertung der angstauslösenden Situation. Der kortiko-limbische Schaltkreis braucht Zeit und kann nur modifizierend zu einem Zeitpunkt eingreifen, an dem die emotionale Reaktion bereits vorliegt. Das große Thema hier ist die kortikale Kontrolle von Emotionen [26]. Mangelhafte Kontrolle (Dysregulation) von Angst schränkt unseren Verhaltensspielraum ein und reduziert die Lebensqualität. Sie ist das zentrale Problem fast aller psychiatrischen und psychischen Erkrankungen. Es gibt zahllose klinische und neurowissenschaftliche Studien dazu, die eindeutig die besondere Rolle des kortiko-limbischen Schaltkreises unterstreichen, in dem der Kontrolle von Emotionen durch den frontalen Kortex entscheidende Bedeutung zukommt.

In der wissenschaftlichen Literatur wird zwischen Angst und Furcht unterschieden. Furcht bezieht sich auf gefährliche Situationen in der physischen Welt. Wir fürchten uns z. B. vor Blitzschlag, Unwetter oder Hitze. Angst steht im Zusammenhang mit Bindungsverlust in der sozialen Welt. Ein Jungtier, das von der Mutter entfernt wird, zeigt Angst (Küken z. B. beginnen zu „fiepen"). Von Tierexperimenten weiß man, dass in diesen Fällen die Angstreaktionen weniger mit den Mandelkernen, sondern mit chemischen Substanzen zu tun haben, die man als Neuromodulatoren bezeichnet. Gibt man Versuchstieren Endomorphine, bevor sie von der Mutter getrennt werden, dann zeigen sie nach der Trennung keine Angstreaktion mehr. In vielen Untersuchungen – zumeist im Tierexperiment – hat man zeigen können, dass ein zu hoher Endomorphinspiegel das Interesse an sozialen Kontakten stark reduziert.

Gleichzeitig hat man zeigen können, dass Dominanz ursächlich mit einem hohen Endomorphinspiegel zusammenhängt. Reduziert man durch Antagonisten die Endomorphinausschüttung, dann verlieren die Versuchstiere ihre dominante Vormachtstellung [24].

2.3.2 Die verschiedenen Formen von Aggression

In der tierexperimentellen Forschung unterscheidet man in etwa sieben verschiedene Arten von Aggression [27]. Dazu gehören die verteidigende Aggression (defensive aggression), mütterliche Aggression (maternal aggression), kompetitive männliche Aggression (inter male aggression), irritative Aggression (irritable aggression), Sex-bezogene Aggression (sex related aggression), territoriale Aggression (territorial aggression) und die instrumentelle Aggression (instrumental aggression), zu der auch die räuberische Aggression (Raubtier-bezogene Aggression; predatory aggression) zu zählen ist. Diese Vielfalt von Aggressionsformen hat im Wesentlichen zwei Gründe. Einerseits sind es die unterschiedlichen Anpassungsformen, die sich in der Evolution ausgebildet haben. Deswegen dominieren in verschiedenen Tierarten (die Entwicklungsgeschichte unserer Vorfahren mit eingeschlossen) unterschiedliche Aggressionsformen. Andererseits ist es die Tatsache, dass (im Gegensatz zu Angst) Aggression eine nach außen, in die Umwelt gerichtete Verhaltensweise ist und in einer Vielfalt unterschiedlicher Situationen beobachtet werden kann. Eine Übersicht über die verschiedenen Aggressionsformen ist in Tab. 2.1 dargestellt.

Diese Vielfalt an verschiedenen Arten von Aggressionsformen soll aber nicht darüber hinwegtäuschen, dass es nur zwei Kategorien von Aggressionen gibt, wie in

2 Die Verhaltensanleitungen des evolutiv alten ...

Tab. 2.1 Verschiedene Formen der Aggression

Art der Aggression	Auslöser ist Bedrohung oder Reiz	Reaktion ist spontan und aversiv	Beteiligte Gehirnstrukturen
verteidigende Aggression (defensive aggression)	Ja	Ja	Limbisches System, Hypothalamus- und Hirnstammkerne
mütterliche Aggression (maternal aggression)	Ja	Ja	Limbisches System, Hypothalamus- und Hirnstammkerne
kompetitive männliche Aggression (inter male aggression)	Ja	Ja	Limbisches System, Hypothalamus- und Hirnstammkerne
irritative Aggression (irritable aggression)	Ja	Ja	Limbisches System, Hypothalamus- und Hirnstammkerne
Sex-bezogene Agression (sex related aggression)	Ja	Ja	Limbisches System, Hypothalamus- und Hirnstammkerne
territoriale Aggression (territorial aggression)	Ja	Ja	Limbisches System, Hypothalamus- und Hirnstammkerne
räuberische Aggression (predatory aggression)	Nein	Nein	Limbisches System, Kortex und Teile des Belohnungssystems

Affektive Aggression Instrumentelle Aggression

Tab. 2.1 dargestellt ist. Es handelt sich um die affektive und die instrumentelle Aggression (zu der auch die räuberische oder Raubtier-Aggression gehört). Abgesehen von der instrumentellen Aggression, handelt es sich bei allen anderen Formen um eine Reaktion auf eine bedrohliche Situation, gefährlichen oder irritierenden Reiz. Diese Aggressionsformen treten spontan auf, sind von starken vegetativen Aktivierungen begleitet und haben subjektiv aversiven Charakter, der sich z. B. auch in den Begriffen Wut und Ärger widerspiegelt. Diese Aggressionsformen werden daher als affektive Aggression bezeichnet und haben von der Reaktionsweise her gesehen durchaus Ähnlichkeit mit Angst. In allen jenen Fällen, in denen affektive Aggression auftritt, könnte ebenso gut auch mit Angst reagiert werden. Nehmen wir als Beispiel die verteidigende Aggression. Ob auf eine gefährliche Situation mit Angst (Flucht) oder Aggression (Verteidigung) reagiert wird, hängt stark von subjektiven Faktoren ab, wie z. B. der emotionalen Grundstimmung, die stark durch Erfahrung beeinflusst ist. Eher ängstliche Tiere oder Menschen mit emotional negativen Erfahrungen werden Aggression vermeiden, wohingegen weniger ängstliche eher mit Aggression reagieren werden.

Die neuronalen Grundlagen der affektiven Aggression liegen im limbischen System, wobei zusätzlich Hypothalamuskerne und Regionen des Hirnstamms (wie z. B. das periaqueductal gray, PAG) eine wichtige Rolle spielen [28]. Zu den Aggression induzierenden Neurotransmittern und Hormonen zählen vor allem Serotonin und Testosteron. Ein zu geringer Serotoninspiegel mindert die emotionale Kontrolle über Ärger und Wut und fördert irritative Aggression. Hier ist ein „interner Reiz" (z. B. Mangel an Serotonin) Auslöser für affektive Aggression. Testosteron hat ebenfalls einen sehr wichtigen Einfluss auf die verschiedenen Formen der affektiven Aggression. Hoher Testosteronspiegel fördert Gewaltbereitschaft sowie kompetitive, Sex-bezogene und territoriale Aggression.

2.4 Die Sonderstellung der instrumentellen Aggression

Instrumentelle Aggression (auch proaktive Aggression genannt) hat völlig andere Eigenschaften als alle anderen Formen der Aggression. Jedenfalls ist sie eine sehr gefährliche Entwicklung der Evolution. Sie ist zielgerichtet, benötigt Planung (und deswegen auch Intelligenz) und ist mit positiven Emotionen assoziiert. Sie ist instrumentell, weil es um die Verfolgung eines bestimmten Ziels mit bestimmten Methoden geht. Es geht z. B. um finanziellen Gewinn, wobei zur Zielerreichung Aggression in unterschiedlichem Ausmaß eingesetzt werden kann. Im schlimmsten Fall wird eine gezielte Schädigung von Konkurrenten oder anderen Personen eingeplant. Bei schwächer ausgeprägter Aggression wird eine Schädigung anderer Personen zwar nicht unmittelbar angestrebt, aber durchaus in Kauf genommen. Ein anderes Beispiel für instrumentelle Aggression ist die Tötung von Tieren zum Zweck der Ernährung. Für Raubtiere ist die erfolgreiche Jagd zweifellos ein belohnendes Erlebnis. Wir Menschen zeigen zwar nicht das typische Jagdverhalten von Raubtieren (vom Jagdsport abgesehen), trotzdem haben wir eine komplexe Infrastruktur aufgebaut, die dazu dient, uns von Tieren zu ernähren.

Die Sonderstellung der instrumentellen Aggression ist auch in der Neuroanatomie ersichtlich, die durch das Zusammenspiel von drei unterschiedlichen Systemen gekennzeichnet ist. Es sind dies das limbische System, der Kortex (der für die Planung und Zielverfolgung notwendig ist) sowie Teile des Belohnungssystems (wie z. B. das ventrale Tegmentum). Letzteres ist durchaus plausibel, weil im Gegensatz zur aversiv empfundenen affektiven Aggression die instrumentelle Aggression belohnend wirkt. Deswegen ist es mehr als fraglich, ob man diese Aggressionsform als negative Emotion bezeichnen darf. Wahrscheinlich ist sie eine Kategorie für sich.

2.5 Der universelle Charakter von Emotionen

Eine Übersicht und Kategorisierung menschlicher Emotionen zeigt Abb. 2.8. Jene Emotionen, die sich im Gesichtsausdruck deutlich zeigen, werden nach Paul Ekman als basale Emotionen („basic" emotions) bezeichnet [29]. Zu ihnen zählen Freude, Überraschung,

Das Spektrum menschlicher Emotionen

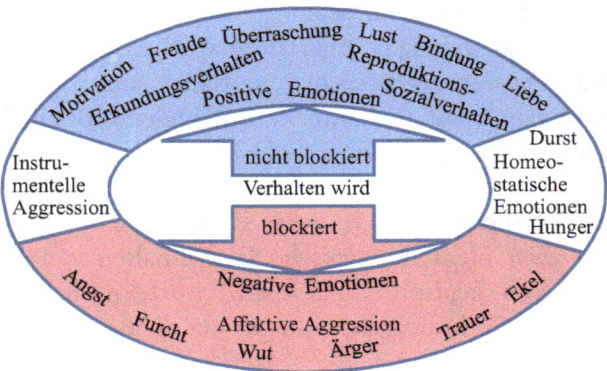

Abb. 2.8 Wenn unser Verhalten nicht eingeengt wird, dominieren positive Emotionen. Sie stellen den „Normalzustand" („default" Zustand) dar. Die biologischen Grundlagen sind die dopaminergen und hormonellen Systeme. Negative Emotionen treten in Erscheinung, wenn uns ungünstige Situationen einengen oder bedrohen. Die biologischen Grundlagen liegen im limbischen System. Einen Sonderfall stellt die instrumentelle Aggression dar, zu der auch die Raubtier-Aggression zählt. Dies deswegen, weil sie nicht mit vegetativen Reaktionen einhergeht, zur Planung und Ausführung den Kortex benötigt und emotional positiv, aber auch negativ erlebt werden kann. Homeostatische Emotionen, wie z. B. Hunger und Durst, dienen der Regulierung des Stoffwechselhaushaltes. Der Hypothalamus spielt dabei eine zentrale Rolle

Angst (Furcht), Trauer und Ärger. Interkulturelle Studien haben gezeigt, dass in allen untersuchten Ländern und Kulturen die Bezeichnung des jeweiligen emotionalen Gesichtsausdruckes übereinstimmt. Ein froher oder trauriger Gesichtsausdruck wird in allen Ländern und Kulturen spontan verstanden. Dieser universelle Charakter dokumentiert sehr eindrucksvoll die genetische Fixierung der basalen Emotionen. Sie werden überall auf der Welt verstanden, auch von Kleinkindern.

Ihr universeller Charakter ist ein klarer Hinweis auf ihre genetische Fixierung. Dies bedeutet jedoch nicht, dass der Umgang mit ihnen in allen Individuen und Kulturen gleich ist. Im Gegenteil, es gibt hier große Unterschiede. Ein bekanntes Beispiel ist, dass Südländer ihren Emotionen eher stärker Ausdruck verleihen als Nordländer. Ähnliches gilt für Kleinkinder im Vergleich zu Erwachsenen.

2.6 Verhaltensanleitungen zur Vermeidung von infektiösen Krankheiten

Infektionen können über Tiere, Nahrung, vor allem aber auch durch soziale Kontakte übertragen werden, wie die Corona-Pandemie eindrucksvoll gezeigt hat. In Zeiten oder Regionen, in denen keine Medikamente oder Impfungen zur Verfügung standen, waren Infektionserkrankungen die wichtigste Ursache hoher Sterblichkeit und natürlicher Selektion. Die evolutive Entwicklung zur Abwehr von Infektionskrankheiten besteht in der Ausdifferenzierung und ständigen Anpassung unseres Immunsystems. Die Abwehr von Erkrankungen wird aber auch durch genetisch gesteuerte Verhaltensanleitungen unterstützt, die primär dazu dienen, Infektionen zu vermeiden, aber auch durch Pflege und Behandlung mit Heilkräutern (oder heute mit Medikamenten) eine Krankheit zu heilen oder zumindest die Folgen einer Erkrankung zu lindern. Diese Verhaltensanleitungen werden unter dem Begriff „Verhaltensimmunsystem" (behavioral immune system) zusammengefasst [30].

Eine wesentliche Funktion des Verhaltensimmunsystems ist es, zwischen Menschen, die zur „in-group" (selben Familie, Clan, Nation), und jenen, die zur „out-group" gehören, zu unterscheiden und soziale Kontakte mit ihnen zu vermeiden. Der psychologische Mechanismus zur Kontaktvermeidung ist eng mit „in-group"-Kohärenz und der Bildung negativer Vorurteile gegenüber Menschen der „out-group" verbunden. Der evolutive Hintergrund ist, dass sich in mehr oder minder isoliert lebenden Gruppen – wie dies in der Millionen Jahre dauernden Entwicklung der Hominiden immer wieder der Fall war – ein spezialisiertes Immunsystem ausgebildet hat, das auf die Abwehr der regionalen Parasitenstämme ausgerichtet ist. Kontakte mit Menschen der „out-group" können daher leicht zu Infektionen mit Parasiten führen, gegen die sich das eigene Immunsystem schlecht wehren kann. In der Geschichte gibt es unzählige Beispiele von „out-group"-Infektionen, auf die das Immunsystem der eigenen Gruppe keine adäquate Abwehr aufweist.

2.6.1 Die Entstehung von „belief systems" und der Religiosität

Die Stärke der „in-group"-Kohärenz und der Distanzierung zur „out-group" hängt vom Ausmaß der Parasitenbedrohung ab, die als „parasite stress" bezeichnet wird [30]. Ist diese stark ausgeprägt, ist auch die „in-group"-Kohärenz und die Distanzierung zur „out-group" groß, und umgekehrt, ist diese nur schwach ausgeprägt, ist auch die „in-group"-Kohärenz und die Distanzierung zur „out-group" gering. Dies ist eine evolutiv gesehen sehr erfolgreiche Anpassung, weil sie bei starkem Parasitendruck die Menschen schützt, bei schwachem Parasitendruck aber Kontakte (und auch den Genaustausch über Reproduktion mit der anderen Gruppe) und Kooperation zwischen den Gruppen ermöglicht.

2 Die Verhaltensanleitungen des evolutiv alten ...

Besonders interessant ist die Beobachtung, dass kulturelle und ethnische Diversität positiv mit Parasitendruck korreliert: Regionen mit hohem Parasitendruck weisen mehr ethnische Gruppen mit unterschiedlicher kultureller Entwicklung auf. Sie dokumentiert sich in kulturspezifischen „belief systems" (das sind kulturspezifische Meinungen, Ideologien und Religiosität) und sprachlicher Diversität (z. B. in regional unterschiedlichen Dialekten). Hoher Parasitendruck fördert die Abgrenzung zu anderen Gruppen, ähnlich wie es auch bei geografischen Barrieren (wie z. B. isoliert liegenden Inseln oder Tälern im Gebirge) beobachtet werden kann. Generell lässt sich zeigen, dass hoher Parasitendruck mit eher rechtspolitischen Werteinstellungen wie Xenophobie und Ethnozentrismus einhergeht, wohingegen geringer Parasitendruck mit mit liberaleren Werten assoziiert ist. Diese Zusammenhänge zwischen Parasitendruck und kultureller Entwicklung und Werteinstellungen werden im Rahmen der „parasite stress"-Theorie detailliert [30] beschrieben.

Nicht nur die evolutive Perspektive in die Vergangenheit der Menschheitsgeschichte zeigt Zusammenhänge zwischen kulturspezifischen „belief systems" und politscher Einstellung. Eine wichtige Beobachtung ist, dass politisch rechts stehende Ideologien eher dazu neigen, Ergebnisse der Naturwissenschaften zu ignorieren. Dazu gehört z. B. die Leugnung der Klimaveränderung oder der helfenden Wirkung der Corona-Impfung. Besonders eindrucksvoll ist auch eine interkulturelle Studie zur Akzeptanz der Evolutionstheorie, die für Europa deutliche geografische Unterschiede aufweist, die einen Süd/Ost-Nord/West-Gradienten erkennen lassen [31]. Im äußersten Südosteuropa liegt die Akzeptanz bei knapp 30 %, im äußersten Nordwesten bei 85 %. Vermutlich würde auch – zumindest aus evolutiver Sicht – der

Gradient des Parasitendrucks in eine ähnliche Richtung zeigen. Interessant ist auch die Beobachtung, dass die Anzahl vollständig COVID-geimpfter Menschen einen ähnlichen geografischen Zusammenhang aufweist.

Generell lässt sich sagen, dass wissenschaftliche Ergebnisse und Errungenschaften (wie z. B. die Entwicklung von Impfstoffen) in liberaleren Gesellschaften eher akzeptiert werden als in stärker ideologisch ausgerichteten Ländern. Je dogmatischer eine Ideologie, politische Einstellung oder Religiosität ist, desto geringer ist die Akzeptanz der Wissenschaft. Ein berühmtes Beispiel sind die astronomischen Arbeiten von Galileo Galilei, die in Konflikt mit der dogmatischen Ideologie der damaligen Kirche standen und im Jahr 1633 zu seiner Verurteilung führten. Nach dem Abschwur seiner wissenschaftlichen Erkenntnisse soll er beim Verlassen des Gerichtssaals (angeblich) für sich gesagt haben: „… und sie (die Erde) bewegt sich doch …" Ein Ausspruch, der synonym geworden ist für den Konflikt zwischen Wissenschaft und dogmatischen Ideologien. Dieser Konflikt ist bei Weitem nicht überwunden, sondern zeigt sich sehr vehement in verschiedenen Ländern und Gesellschaften. Aktuelle Beispiele sind wie schon erwähnt die Leugnung der Klimakrise und die Wirksamkeit von Impfungen, aber auch wissenschaftsfeindlicher Aktionismus in extrem rechten Gruppen der republikanischen Partei in den USA rund um Donald Trump [32].

2.7 Gibt es einen freien Willen?

Angesichts der Vielfalt endogener Verhaltensanleitungen kann von *freiem* Willen – im Sinne der Freiheit, sich zu jedem Zeitpunkt beliebig für dies oder jenes entscheiden zu können – nicht die Rede sein. Das Problem, um das

2 Die Verhaltensanleitungen des evolutiv alten ...

es geht, ist der Konflikt zwischen individuellem Willen und evolutiv vorgegebenen Verhaltensanleitungen und dabei um die Frage, ob er sich von diesen freispielen kann. Nehmen wir als Beispiel das Selektionsprinzip „attract and select" (sei attraktiv und wähle dir deinen Partner aus), das bei Frauen für die Partnerwahl eine wichtige Rolle spielt. In den meisten Fällen tritt dieses Prinzip nicht ins Bewusstsein, was bedeutet, dass es nicht im Sinne des eigenen, individuellen Willens verstanden wird. Hier kann es leicht zum Konflikt zwischen individuellem Willen und evolutiver Verhaltensanleitung kommen. So ist es durchaus möglich, dass eine Frau, die zwar auf ihr attraktives Aussehen besonders großen Wert legt, gar kein Interesse hat, Kinder zu bekommen, was ja die Konsequenz der Verhaltensanleitung wäre. Ähnliches gilt für einen Mann, der viel für sein attraktives Aussehen tut. Die Antwort auf diesen Konflikt, der sehr wesentlich mit der Konsequenz einer aufwendigen Brutpflege zu tun hat, ist Verhütung. Der interessante Punkt hier ist, dass wir uns dem Wunsch, attraktiv zu sein, zwar nicht entziehen können, trotzdem aber (zumindest teilweise) imstande sind, uns der Konsequenz der Verhaltensanleitung zu entziehen.

Ein anderes Beispiel ist der Wach-Schlaf-Zyklus der zirkadianen Rhythmik. Vor allem bei Kindern ist der Konflikt zwischen Aufbleiben-Wollen und Schlafdruck sehr häufig zu beobachten. Sie kämpfen regelrecht gegen das Einschlafen an und geben erst nach, wenn die Müdigkeit zu groß wird. Besonders deutlich ausgeprägt ist der nahezu vollständige Verlust des individuellen Willens beim Eintritt in den Schlaf, wenn wir das Wachbewusstsein verlieren. Jetzt steht das Gehirn so gut wie völlig unter dem Einfluss eines Aktivierungsmusters, das aus dem Hirnstamm kommt. Das Gleiche gilt für Träume. In der Regel haben wir keinen Einfluss auf das, was wir im Traum erleben. Wir sind der endogenen Hirnstammaktivierung ausgeliefert. Aber auch emotionale Systeme entfalten eine ähnlich starke Wirkung, vor allem in Zuständen starken Affekts. Jemand, der z. B. unter dem episodischen Dyscontrol Syndrom („episodic dyscontrol syndrome" oder der „intermittent explosive disorder") leidet, wird seine Wutanfälle nicht unterdrücken können [33]. Eine wichtige Schlussfolgerung ist, dass unser Entscheidungsspielraum in dem Maß eingeschränkt ist, in dem die aufsteigend aktivierenden Systeme den Kortex beeinflussen. Oder umgekehrt gesagt, je geringer ihr Einfluss ist, desto größer ist der Spielraum für individuelle Entscheidung.

Die in der evolutiven Entwicklung entstandenen endogenen Gehirnaktivierungen und die daraus resultierenden Verhaltensanweisungen sind äußerst vielfältig und gut aufeinander abgestimmt. Einige haben wir besprochen, weitere wichtige Beispiele sind Sucht, Krankheiten, Persönlichkeitseigenschaften, aber auch dogmatisches Denken und Ideologien. Die Entstehung von Sucht hat mit der Ausschüttung von Neurotransmittern und Neuromodulatoren zu tun, die belohnend empfunden werden. Dazu gehören vor allem Dopamin, Serotonin und die Endomorphine [34]. Jede Sucht entsteht im Prinzip dadurch, dass ein Verhalten mit dem intuitiven Ziel gewählt wird, die Ausschüttung dieser Substanzen zu fördern. Bei Extremsport wie z. B. dem Extrembergsteigen, bei dem die Schmerzgrenze überschritten wird, kommt es zur Ausschüttung von Endomorphinen, die schmerzhemmend, aber auch angstlösend wirken. Durch die hohe Motivation und die intensive Bewegung wird zusätzlich auch vermehrt das belohnend wirkende Dopamin freigesetzt. Evolutiv gesehen handelt es sich hier um ein komplexes Verhaltensmuster, das einerseits mit Erkundungsverhalten und sensation seeking [35], andererseits aber auch mit erfolgreichem Flucht- oder Angriffsverhalten in Zusammenhang steht. Extremsport hat Suchtpotenzial, weil die Planung und Ausführung extremen Sportverhaltens mit der Motivation verbunden ist, belohnende Erlebnisse zu erfahren. Ein Verhalten, in das viel Energie investiert wird und das belohnend empfunden wird, verlangt nach Wiederholung. Wie ist es sonst zu verstehen, dass Extremsportler ihr Leben aufs Spiel setzen (in etwa die Hälfte der ExtrembergsteigerInnen sterben am Berg), um über die steilste Wand oder auf den höchsten Berg zu klettern. Das belohnende Gefühl, das von der Ausübung des Sports kommt, wird von vielen Bergsteigern betont. Reinhold Messner z. B. drückte das sehr einfach und klar aus (Interview in der Zeitschrift Alpin; 21.01.2016): „Es ist das schönste Gefühl vom Berg zurückzukommen." Auf die Frage, was Alpinisten falsch gemacht haben, die am Berg tödlich verunglückt sind (konkret waren David Lama, Hansjörg Auer und Jess Rosskelly gemeint), sagte Messner: „Nichts haben sie falsch gemacht, das war einfach nur Pech. Sie hätten zu Hause am Sofa bleiben können, aber das hätte keinen von ihnen glücklich gemacht." Die Extrembergsteigerin Gerlinde Kaltenbrunner meinte in einem ISPO-Interview (am 10.12.2020): „… die Berge sind mein Leben. … Klettern bereichert mich, gibt meinem Leben Sinn. … Für die Bergwelt braucht man viel Kraft, aber man bekommt auch viel zurück. … Die Berge sind mein Kraftelixier". Nicht jeder hat Freude am Bergsteigen, es ist eine Frage der Persönlichkeitseigenschaften und auch der Erfahrungen, die in der Kindheit gemacht werden. Extrembergsteigen ist aber ein gutes Beispiel, den Zusammenhang zwischen Erkundungsverhalten, sensation seeking, Selbstverwirklichung und Sucht zu beleuchten. Kann der/die ExtrembergsteigerIn sich frei entscheiden zwischen dem „zu Hause am Sofa bleiben" und der Erstbesteigung auf einen 8000er?

Interessant ist die Tatsache, dass die Gabe von Morphium zur Linderung starker Schmerzen nicht süchtig macht, zur Linderung von Angstzuständen aber sehr wohl. Dies bedeutet, dass der evolutiv entstandene Zusammenhang zwischen Schmerz und Endomorphinausschüttung zur Schmerzunterdrückung kein Suchtpotenzial aufweist. Das muss natürlich so sein, weil Schmerz ein Alarmsignal ist, das die Vermeidung des schmerzauslösenden Verhaltens durch erfolgreiche Flucht oder Angriff zum Ziel hat. Die zusätzliche, Angst unterdrückende Wirkung der Endomorphine hat dabei eine wichtige unterstützende Wirkung. Sucht würde diesen Zusammenhang ins Paradoxe verdrehen und zum Aufsuchen schmerzauslösender Situationen führen. Das Suchtproblem beginnt erst dann, wenn wir ein bestimmtes Verhalten nur deswegen ausführen, um seine belohnende Wirkung zu erleben. Ein anderes Beispiel, das sich besonders in der westlichen Kultur zeigt, ist die Fettsucht (Adipositas). In den USA und in Mexiko sind nahezu ¾ der dort lebenden Menschen davon betroffen. Diese Zahl zeigt, wie hoch das Suchtpotenzial generell ist.

2.7.1 Der Spielraum des Willens: Das evolutive Prinzip des Ausprobierens und der Variation

Die Vielzahl endogener Verhaltensanweisungen und biologischer Abhängigkeiten könnte den Eindruck erwecken, dass wir völlig unfreie Lebewesen sind, die einem evolutiven Programm gehorchen müssen. Mit sehr großer Wahrscheinlichkeit sind wir das nicht. Die Begründung dafür kann man aus jenen Prinzipien ableiten, denen die Evolution folgt. Eines davon ist Versuch und Irrtum (trial and error), das in der Evolution die Variationsbreite des

Verhaltens auf hohem Niveau hält. Es hat über Anpassung und Selektion zu großer Artenvielfalt geführt und zeigt sich im individuellen Leben als wichtigstes Lern- und Problemlösungsprinzip. Durch Ausprobieren stellen Kinder fest, welches Verhalten erfolgreich ist. Auch wir Erwachsene folgen demselben Prinzip. In der Evolution gilt, dass sich das durchsetzt, was erfolgreich ist. Was erfolgreich ist, wird durch Anpassung und Selektion festgestellt, was im Prinzip nichts anderes bedeutet als Ausprobieren durch Versuch und Irrtum. Dies ist nur eine etwas andere Perspektive auf das „natürliche Selektionsprinzip", das durch Charles Darwins Evolutionstheorie bekannt wurde.

Was aber hat Ausprobieren mit freiem Willen zu tun? Wenn wir davon ausgehen, dass sich das Erfolgreiche durchsetzen muss und zwar auf Grundlage von Versuch und Irrtum, dann wäre ein möglichst großer Spielraum des individuellen Willens von Vorteil, weil durch geschicktes Ausprobieren erfolgreiches Verhalten viel rascher gefunden werden kann. Die Schlussfolgerung demnach ist, dass wir zwar **keinen freien** Willen besitzen, aber einen **angeleiteten** Willen **mit Spielraum**. Dieser Spielraum ist umso größer, je kleiner der Einfluss endogen aktivierender Systeme ist.

2.7.2 Individueller Wille, Verhaltensspielraum und Gedächtnis

Für kognitive Prozesse ergibt sich eine interessante und wichtige Konsequenz aus dem Prinzip des Ausprobierens durch Versuch und Irrtum: Erfolgreiches Verhalten setzt die Erinnerungsfähigkeit für jene Begleitumstände voraus, die zum Erfolg geführt haben. Das Gleiche gilt natürlich für nicht erfolgreiches Verhalten, das in Zukunft vermieden werden soll. Ohne Gedächtnis hat das Prinzip des Ausprobierens keine Grundlage. Es setzt die Speicherung von Information voraus, damit erfolgreiches Verhalten gelernt werden kann.

Auch in der Evolution spielt Gedächtnis die entscheidende Rolle. Jene Lebewesen, die sich erfolgreich anpassen und vermehren können, geben ihr Erbgut weiter. Das Erbgut jener aber, die sich nicht vermehren, geht verloren. Die Rolle des Gedächtnisses übernehmen hier die Gene.

Individueller Wille und erfolgreiches Verhalten stehen in engem Zusammenhang mit kognitiven Leistungen. Denken ermöglicht „Probehandlungen" (ein auf Sigmund Freud zurückgehender Begriff), d. h. die „Simulation" von Verhalten, um gedanklich auszuprobieren, welches Verhalten erfolgreich sein wird. Im ersten Abschnitt des folgenden Kapitels werden die neuronalen Grundlagen des Gedächtnisses und der Kognition besprochen.

2.8 Literatur mit Kurzkommentaren zu Kap. 2

[1] Wach-Schlaf-Rhythmus bei Insekten:
George, R., & Stanewsky, R. (2021). Peripheral Sensory Organs Contribute to Temperature Synchronization of the Circadian Clock in Drosophila melanogaster. Frontiers in Physiology. 12: 622545. https://doi.org/10.3389/fphys.2021.622545

[2] Das aufsteigende retikuläre System wird von allen Lehrbüchern der Neurologie und Biologischen Psychologie behandelt. Im Lehrbuch von Birbaumer und Schmidt findet man in den Kapiteln 21 und 22 und in Horvitz & Jacobs in Kap. 5 eine genaue Übersicht:

Birbaumer, N., & Schmidt, R. F. (2010). Biologische Psychologie. Springer, Heidelberg.

Horvitz, J. C., & Jacobs, B. L. (2023). Principles of Behavioral Neuroscience. Cambridge University Press, Cambridge, U.K. ISBN 978-1-108-48852-5

[3] Die Erforschung der Chronobiologie am Menschen ist eng mit den Namen Jürgen Aschoff und Franz Halberg verbunden. Aschoff war in den 1960er-Jahren Direktor des Max-Planck-Instituts für Verhaltensphysiologie in Andechs, wo er in einem eigenen Forschungsbunker Schlafexperimente durchführte. Franz Halberg leitete an der University of Minnesota die Chronobiology Laboratories. Eine seiner besonderen Leistungen war der Nachweis von sehr langen Periodizitäten, die weit über circadiane Rhythmen hinausgehen und unter anderem auch mit solar-terrestrischen physikalischen Vorgängen in Zusammenhang gebracht werden können. Übersichtsarbeiten beider Forscher sind unten angegeben:

Aschoff, J., & Wever, R. (1981). The Circadian System of Man. In: Aschoff, J. (ed) Biological Rhythms. Springer, Boston, MA. https://doi.org/10.1007/978-1-4615-6552-9_17

Halberg, F. (1969). Chronobiology. Annual review of physiology, 31(1), 675–726. https://doi.org/10.1146/annurev.ph.31.030169.003331

[4] Michel Jouvet war Anfang der 1960er-Jahre maßgeblich an der Untersuchung des REM-Schlafes beteiligt, der um 1953 von Nathaniel Kleitman und Eugene Asorinsky in den USA entdeckt wurde. Er ist einer der bekanntesten Schlaf- und Traumforscher. Er arbeitete an der Universität Lyon in Frankreich. Sein Buch über „Das Paradoxon Schlaf", das 1999 in englischer Übersetzung erschienen ist,

gibt einen exzellenten Einblick in die Erkenntnisse der Schlafforschung.
Jouvet, M. (1999). The paradox of sleep. MIT Press, Cambridge, MA. ISBN 0-262-10080-0.

[5] Die Untersuchung des hippocampalen Thetarhythmus an Tieren (eine Gehirnschwingung, die bei Ratten einen Frequenzbereich von ca. 6–12 Hz umfasst) ist ein zentrales Forschungsgebiet in den Neurowissenschaften. Abb. 16 in Kap. 4 erläutert die Funktion dieser Schwingung. Siehe auch die dort angegebene Literatur.

[6] Jaak Panksepp ist *der* Name, den man mit der Psychobiologie von Emotionen und des Sozialverhaltens verbindet. Er hatte viele internationale Kontakte und war u. a. auch bei uns an der Universität Salzburg als Gastprofessor tätig. Er war ein von mir ganz besonders geschätzter Kollege, mit dem zu diskutieren eine wahre Freude war. Sein Buch „Affective Neuroscience" ist das detaillierteste und vollständigste Werk zur Psychoneurobiologie von Emotionen, das ich kenne. Es kann als Nachschlagewerk zu fast allen Themen verwendet werden, die in Kap. 2 besprochen werden. Das mit Lucy Biven publizierte Buch ist auf die evolutive Entwicklung menschlicher Emotionen fokussiert.
Panksepp, J. (1998). Affective Neuroscience. Oxford University Press, Oxford. ISBN 0-19-509673-8
Panksepp, J. & Biven, L. (2012). The Archaeology of Mind: Neuroevolutionary Origins of Human Emotion. W. W. Norton & Company, New York, ISBN 978-0-393-70531-7

[7] Der Begriff „der Mensch als Frühgeburt" ist eng mit dem Namen Adolf Portmann, einem Schweizer Biologen und Anthropologen verbunden. Die Fragen der evolutiven Entwicklung und Bedeutung des

überproportional großen Gehirns von Babys (das ca. 42 % des Körpergewichts ausmacht) ist gut untersucht. Folgende Arbeit gibt einen guten Überblick:
Cunnane, S. C., & Crawford, M. A. (2014). Energetic and nutritional constraints on infant brain development: Implications for brain expansion during human evolution. Journal of Human Evolution, 77, 88–98. https://doi.org/10.1016/j.jhevol.2014.05.0010

[8] Olds, J., & Milner, P. (1954). Positive reinforcement produced by electrical stimulation of septal area and other regions of rat brain. J. Comp. Physiol. Psychol. 47, 419–427.
Siehe auch die Übersicht in Kap. 8 in: Panksepp, J. (1998). Affective Neuroscience. Oxford University Press, Oxford. ISBN 0-19-509673-8

[9] Okubo, Y. et al. (1997). Decreased prefrontal dopamine D1 receptors in schizophrenia revealed by PET. Nature, Volume 385, 634–636.

[10] Eine Übersicht zum Thema Dopamin, motiviertes Verhalten, Freude und Lust findet sich in folgender Arbeit:
Berridge, K. C., & Kringelbach, M. L. (2015). Pleasure systems in the brain. Neuron 86, May 6. https://doi.org/10.1016/j.neuron.2015.02.01

[11] Myers, D. G. & Diener, W. (1997). The pursuit of happiness. Scientific American, Special Issue, Vol. 7 (1), 40–15.

[12] Zum Thema Sexualhormone, Gehirnreifung, Sexual- und Brutpflegeverhalten siehe die Übersicht in Kap. 12 im Buch von: Panksepp, J. (1998). Affective Neuroscience. Oxford University Press, Oxford. ISBN 0-19-509673-8

[13] Eine Übersicht und Diskussion von Arbeiten zur Bedeutung des waist to hip ratios findet sich z. B. in: Streeter, S. A., & McBurney, D. H. (2003). Waist-hip ratio and attractiveness: New evidence and a critique of "a critical test". Evolution and Human Behavior 24, 88–98.

[14] Die funktionelle Bedeutung von Symmetrie/Asymmetrie ist ein generelles Konzept in der Biologie. Hier eine Auswahl an Arbeiten:
Grammer, K. & Thornhill R. (1994). Human (Homo sapiens) facial attractiveness and sexual selection: the role of symmetry and averageness. J. Comp. Psychol. 108, 233–242.
Grammer, K., Keki, V., Striebel, B., Atzmueller, M., & Fink, B. (2003) in Evolutionary Aesthetics (eds Voland, E. & Grammer, K.). 295–324. Springer, Heidelberg, 2003.
Polak, M., (ed.) (2003). Developmental Instability: Causes and Consequences; Oxford Univ. Press, New York.
Van Valen, L. (1962). A study of fluctuating asymmetry. Evolution, 16, 125–142.

[15] Darwin, C. R. (1871). The Descent of Man and Selection in Relation to Sex. D. Appleton and Company, New York.

[16] Brown, W. M., Cronk, L., Grochow, K., Jacobson, A., Liu, C. K., Popovic', Z., & Trivers, R. (2005). Dance reveals symmetry especially in young men. Nature, Vol 438, 22; 29. https://doi.org/10.1038/nature04344

[17] Zum Thema Körpergeruch, Pheromone und sexuelle Selektion beim Menschen, eine Auswahl von Arbeiten von Karl Grammer und KollegInnen:
Atzmüller, M., & Grammer, K. (2000). Biologie des Geruchs: Die Bedeutung von Pheromonen für Ver-

halten und Reproduktion. Speculum – Zeitschrift für Gynäkologie und Geburtshilfe 2000; 18 (1) (Ausgabe für Österreich), 12–18.

Grammer, K. (1993). 5-α-androst-16en-3α-on: A male pheromone? A brief report. Ethology and Sociobiology, 14; 201–208.

Grammer, K., Fink, B., & Neave, N. (2004). Human pheromones and sexual attraction. European Journal of Obstetrics & Gynecology and Reproductive Biology. https://doi.org/10.1016/j.ejogrb.2004.08.010

[18] Rikowski, A. & Grammer, K. (1999). Human body odour, symmetry and attractiveness. Proc. R. Soc. Lond. B (1999) 266, 869–874.

[19] Roberts, T., & Roiser, J. P. (2010) In the nose of the beholder: are olfactory influences on human mate choice driven by variation in immune system genes or sex hormone levels? Experimental Biology and Medicine 2010; 235: 1277–1281. https://doi.org/10.1258/ebm.2010.010112

[20] Eine sehr gute Übersicht und Diskussion von Arbeiten zur Stay Alive Theory findet sich in folgender Arbeit:
Benenson, J. F., Webb, C. E., & Wrangham, R. W.(2022). Self-Protection as an Adaptive Female Strategy. Behavioral and Brain Sciences. Vol. 45. https://doi.org/10.1017/S0140525X21002417

[21] Hawkley, L. C., & Cacioppo, J. T. (2010). Loneliness matters: A theoretical and empirical review of consequences and mechanisms. Annals of Behavioral Medicine, 40(2), 218–227. https://doi.org/10.1007/s12160-010-9210-8.

[22] Höhere Sterblichkeitsraten für Männer – im Vergleich zu Frauen – nach einer COVID-Erkrankung:

Mohamed, M., et al. (2020). Sex Differences in Mortality Rates and Underlying Conditions for COVID-19 Deaths in England and Wales. Mayo Clin Proc. October 2020; 95(10):2110–2124. https://doi.org/10.1016/j.mayocp.2020.07.009
WHO World health statistics 2019: monitoring health for the SDGs, sustainable development goals. ISBN 978-92-4-156570-7

[23] White, C., & Nafilyan, V. (2020). Coronavirus (COVID-19) related deaths by ethnic group, England and Wales: 2 March 2020 to 15 May 2020. Office for National Statistics. Release date 19 June, 2020

[24] Angst und Furcht: Eine umfassende Übersicht zur Anatomie und Neurophysiologie geben Kap. 10 und 11 in: Panksepp, J. (1998). Affective Neuroscience. Oxford University Press, Oxford. ISBN 0-19-509673-8.

[25] Eine einfache und leicht verständliche Übersicht zur Angstkonditionierung gibt:
LeDoux, E. (1997). Emotion, memory and the brain. Scientific American, Special Issue, Vol. 7 (1), 68–75.

[26] Eine gute und detaillierte Übersicht zu den Themen kortikale Kontrolle von Emotionen und ihren neurowissenschaftlichen Grundlagen geben Kap. 12 und 13 in:
Gazzaniga, M. S., Ivry, R. B., & Mangun, G. R. (2002). Cognitive Neuroscience: The Biology of the Mind. ISBN 0-393-97777-3. Norton & Co., New York, London.

[27] In der Literatur werden viele verschiedene Arten von Aggression unterschieden, wobei sich die Namen oft überlappen. So z. B. werden die Begriffe pro- und reaktive Aggression weitgehend synonym mit Raub-

tier- und affektiver Aggression verwendet. Hier eine Auswahl an Übersichtsarbeiten:

Kap. 10 in Panksepp, J. (1998). Affective Neuroscience. Oxford University Press, Oxford. ISBN 0-19-509673-8.

Naomi J., Weinshenker, N., & Siegel, A. (2002). Bimodal classification of aggression: affective defense and predatory attack. Aggression and Violent Behavior 7, 237–250.

Wrangham, R. W. (2018). Two types of aggression in human evolution. PNAS, January 9, 2018, Vol. 115 no. 2, 245–253. https://doi.org/10.1073/pnas.1713611115

[28] Eine gute Übersicht zu den neuronalen Grundlagen der Aggression gibt z. B. folgende Arbeit:
Nelson, R. J., & Trainor, B. C. (2007). Neural mechanisms of aggression. Nature Reviews Neuroscience, JULY 2007, VOLUME 8, 536–546. https://doi.org/10.1038/nrn2174

[29] Basic emotions: Ekman, P. (1999). In: Handbook of Cognition and Emotion, Dalgleish, T., & Power M. (Eds.), John Wiley, New York, 45–60.
Darwin, C. (1872). The expressions of the emotions in man and animals. New York: Philosophical Library. 3rd edn. (1998) with Introduction, Afterword and Commentary by Paul Ekman: London: Harper Collins New York: Oxford University Press.
Panksepp, J., & Watt, D. (2011). What is Basic About Basic Emotions? Lasting Lessons From Affective Neuroscience. Emotion Review Vol. 3, No. 4 (October 2011) 1–10. https://doi.org/10.1177/175407391141074

[30] Das Verhaltensimmunsystem und die „parasite stress theory". Ausgezeichnete Übersichten und

Diskussionen zu den verschiedenen Arbeiten dieser Thematik finden sich in:

Fincher, C. L., & Thornhill, R. (2012). Parasite-stress promotes in-group assortative sociality: the cases of strong family ties and heightened religiosity. Behavioral and Brain Sciences, 35 (2). pp. 61–79. https://doi.org/10.1017/S0140525X11000021

Van Leeuwen, F., Parka, J. H., Koenig, B. L., & Graham, J. (2011). Regional variation in pathogen prevalence predicts endorsement of group-focused moral concerns. Evolution and Human Behavior, Volume 33, Issue 5, 429–437. https://doi.org/10.1016/j.evolhumbehav.2011.12.005

Thornhill, R., & Fincher, C. L. (2015). The Parasite-Stress Theory of Sociality and the Behavioral Immune System. In: Zeigler-Hill, V., Welling, L. L. M., & Shackelford, T. K. (eds). Evolutionary perspectives of social psychology. 419–438. Springer, Heidelberg. ISBN 978-3-319-12696-8; https://doi.org/10.1007/978-3-319-12697-5

[31] Miller, J. D., Scott, E. C., & Okamoto, S. (2006). Public Acceptance of Evolution. Science, Vol. 313, 11 August 2006, 765–766. https://doi.org/10.1126/science.1126746

[32] Hotez, P. J. (2021). Mounting antiscience aggression in the United States. PLOS Biology, July 28, 2021. https://doi.org/10.1371/journal.pbio.3001369

[33] McTague, A., & Appleton, R. (2010). Episodic dyscontrol syndrome. Arch Dis Child 2010;95: 841–842. https://doi.org/10.1136/adc.2009.171850

[34] Opioid System und Sucht: Kap. 14 in Panksepp, J. (1998). Affective Neuroscience. Oxford University Press, Oxford. ISBN 0-19-509673-8

[35] Untersuchungen zur Persönlichkeitseigenschaft des „sensation seekings" sind eng mit dem Namen Marvin Zuckermann verbunden. Hier zwei Übersichtsarbeiten zur Biologie des sensation seekings:
Zuckerman, M. A. (1983). Biological theory of sensation seeking. In: Zuckerman, M. A., ed. Biological Bases of Sensation Seeking, Impulsivity, and Anxiety. Hillsdale, NJ: Erlbaum, 1983. pp. 37–76.
Zuckerman, M. A. (1983). Biological Bases of Sensation Seeking, Impulsivity, and Anxiety. Hillsdale, NJ: Erlbaum.
Zuckerman, M. A. (2007). Sensation seeking and risky behavior. American Psychological Association. Washington, D. C. https://doi.org/10.1037/11555-000

3

Die Gehirnrinde: Anatomie und Neurophysiologie kognitiver Prozesse

Die verhaltenssteuernde Funktion der aufsteigenden aktivierenden Systeme ist angeboren, ihre Wirkung entfaltet sich über neuronale Netzwerke, die in den Kortex (Gehirnrinde) ziehen und dort wahrgenommen werden. Ihr Aktivierungsprinzip ist durch Lernen nicht beeinflussbar, sehr wohl aber die kortikale Kontrolle über diese Systeme. Anders verhält es sich mit höheren kognitiven Prozessen, sie müssen gelernt werden. Einfache Formen des Denkens sind rein anschauungsgebunden und mögen angeboren sein. Höhere Formen des Denkens und ihre Operations- und Kommunikationsformen wie z. B. Sprache oder Mathematik müssen erst erlernt werden und sind ohne Gedächtnis, Wissensbildung und Bewusstsein nicht möglich.

Die steuernde Wirkung des Wach-Schlaf-Zyklus und – prinzipiell – auch die von Emotionen könnten durchaus einem Roboter einprogrammiert werden. Bei der Simulation von Emotionen wäre nicht die reaktive

Komponente das Problem, sondern die kognitive Komponente, die in der Bewertung der Situation besteht, auf die reagiert werden soll. Einfache kognitive Funktionen, wie z. B. die Speicherung und der Abruf von Fakten, können elektronisch nachgebaut werden, wie die erfolgreiche Nutzung von riesigen Datenbanken dokumentiert. Trotz der großen Fortschritte der künstlichen Intelligenz ist es jedoch nicht möglich, Denken oder Bewusstsein zu simulieren, d. h. durch *Algorithmen* abzubilden. Künstliche Intelligenz soll nicht mit elektronischen „Assistenzsystemen" verwechselt werden. Letztere verfügen über Leistungen, die mit einer Geschwindigkeit ausgeführt werden, die weit über das hinausgeht, was wir Menschen zu leisten imstande sind. Beispiele sind komplexe Mustererkennung oder Programmpakete (wie z. B. Matlab) zur Lösung mathematischer Probleme und zur Ausführung komplexer Rechenoperationen.

Wenn wir höhere Formen kognitiver Prozesse verstehen wollen, müssen wir die Funktion der Gehirnrinde verstehen. Sie ist jene Gehirnregion, die sich in der Evolution der Hominiden, aber auch in der Ontogenese (in der Entwicklung vom Embryo bis zum erwachsenen Menschen) zuletzt ausgebildet hat. Sie ist das jüngste Produkt der Evolution und Ontogenese.

3.1 Die vorrangige Bedeutung des Gedächtnisses für höhere kognitive Prozesse

Kognitive Prozesse umfassen alle Vorgänge, die mit der Informationsverarbeitung in der Gehirnrinde in Zusammenhang stehen, wie z. B. Wahrnehmung oder die Planung und bewusste Ausführung von Bewegungsabläufen. Denken hat einen besonderen Stellenwert, einerseits deswegen, weil es Bewusstsein voraussetzt, und andererseits, weil es inhaltlich nicht festgelegt ist. Es kann sich – anders als Emotionen – auf beliebige Inhalte der sozialen, physischen oder algorithmischen Welt beziehen.

Die Grundlage des Denkens und des Bewusstseins ist das Gedächtnis. Es stellt jene Informationen zur Verfügung, die Denkoperationen benötigen, und speichert neue Informationen ein, die diese Operationen gebildet haben. Fokussierte Aufmerksamkeit wirkt wie ein Filter und ist jener Prozess, der es uns ermöglicht, nur die jeweils relevante Information aus dem Gedächtnis auszuwählen und abzurufen. Wie dies vom Gehirn bewerkstelligt wird, ist eine der großen und schwierigen Fragen, die eng mit der Funktion und den Eigenschaften unseres Bewusstseins in Zusammenhang stehen.

Grundsätzlich sind zwei Arten von Gedächtnis zu unterscheiden [1]. Eines speichert Ich-bezogene Information – es heißt episodisches Gedächtnis – das andere speichert Wissen – es heißt semantisches Gedächtnis oder „knowledge system". Episodisches Gedächtnis ist die Grundlage unseres Ich-Bewusstseins. Es stellt sicher, dass wir zwischen Episoden, die wir selbst erleben, und jenen, die andere erleben, in der Gegenwart wie in der Erinnerung unterscheiden können. Im Gegensatz zum episodischen Gedächtnis fehlt beim semantischen Gedächtnis der Ich-Bezug. Es ist äußerst vielfältig und umfasst sämtliches Wissen, wie z. B. Sprache, Ortsinformationen, Mathematik etc. Ihm untergeordnet sind wahrnehmungsnahe Informationen, die in modalitätsspezifischen Gedächtnissen, wie z. B. dem visuellen Gedächtnis, gespeichert sind.

3.2 Gehirngröße und Intelligenz

Es besteht kein Zweifel und es ist gut dokumentiert, dass zwischen Gehirngröße und Intelligenz ein positiver Zusammenhang besteht. Eine Reihe von Untersuchungen an Menschen, deren Gehirne mit der Magnetresonanztomographie (MR) vermessen wurden und deren Intelligenz mithilfe eines Tests erfasst wurde, haben diesen Zusammenhang bestätigt [2].

Aus evolutiver Sicht zeigt sich – neben der Entwicklung des Sozialverhaltens – eine Reihe sehr grundsätzlicher Faktoren, die Einfluss auf die Gehirngröße und Intelligenz haben. Dazu gehören vor allem die Körpergröße und die Qualität der Ernährung. Nicht nur bei Primaten, sondern generell bei Säugetieren kann man einen strikten Zusammenhang zwischen Körpergröße und Gehirngröße feststellen [3]. Es handelt sich um einen logarithmisch-linearen Zusammenhang, was bedeutet, dass bei logarithmischer Skalierung beider Variablen ein linearer Anstieg der Gehirngröße in Abhängigkeit der Körpergröße beobachtet werden kann. Allerdings ist es nicht so, wie man vielleicht vermuten könnte, dass ein größeres Gehirn per se auch höhere Intelligenz ermöglicht. Elefanten und Wale haben ein deutlich größeres Gehirn als wir Menschen, und es gilt als sehr unwahrscheinlich, dass diese Tiere intelligenter sind als wir. Wie Abb. 3.1 zeigt, liefert auch die Anzahl der Neurone im Kortex keinen schlüssigen Beleg für die intellektuelle Überlegenheit des Menschen.

Eine wichtige Rolle spielt die relative, auf den Körper bezogene Gehirngröße. Ein überproportional hohes Gehirngewicht – bezogen auf den logarithmisch-linearen Zusammenhang zwischen Gehirn und Körpergröße –

3 Die Gehirnrinde: Anatomie und Neurophysiologie ...

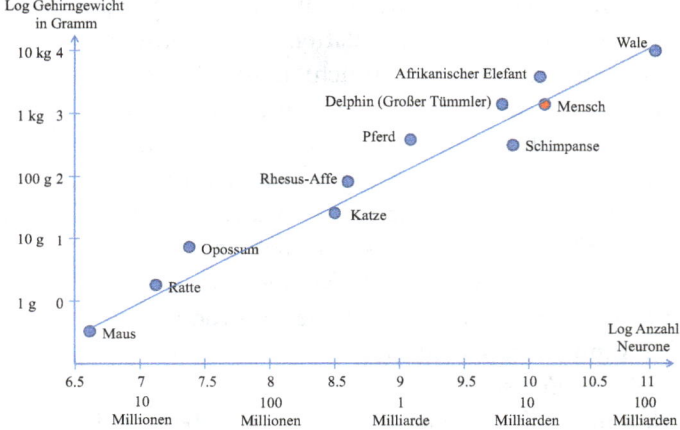

Abb. 3.1 Der logarithmisch-lineare Zusammenhang zwischen Gehirngewicht und der Anzahl kortikaler Neurone zeigt, dass von allen Säugetieren nicht der Mensch, sondern Wale die größte Anzahl kortikaler Neurone aufweisen [3]

ist ein etwas besserer Indikator für höhere Intelligenz. Der Grund dafür liegt in den Eigenschaften des Stoffwechsels und der Ernährung [4]. Je besser die Qualität der Nahrung ist, desto weniger Energie benötigt der Verdauungstrakt und desto mehr Energie steht dem Gehirn zur Verfügung. Hochwertige Nahrung ist eine wichtige Voraussetzung für ein überproportional großes Gehirn, weil es einen hohen Energiebedarf hat. Beim erwachsenen Menschen braucht es in etwa 20 % der Stoffwechselenergie des Körpers, beim Neugeborenen sind es bis zu ca. 65 %.

Ein anschauliches Beispiel ist die unterschiedliche Gehirngröße und der Energiebedarf von Brüll- und Klammeraffe [5]. Beide Arten haben in etwa das gleiche

Körpergewicht und beide sind Vegetarier. Der Brüllaffe lebt von einfacher Nahrung, die leicht zugänglich, aber kalorienarm ist, er frisst Blätter. Der Klammeraffe hingegen ernährt sich von Früchten mit hohem Kaloriengehalt. Sein Verdauungsapparat braucht weniger Energie bei der Aufbereitung der Nahrung. Er hat im Vergleich zum Brüllaffen das größere Gehirn, ein größeres Territorium, in dem er seine Nahrung sucht, lebt in einer größeren Gruppe an Tieren (mit einer in etwa gleich großen Anzahl an Männchen und Weibchen) und hat eine eher monogame Reproduktionsbindung. Der Einfluss von Umwelt- und sozialen Faktoren auf die Gehirngröße ist offensichtlich. Um bessere Nahrung zu bekommen, brauchen die Tiere auch bessere kognitive Fähigkeiten: Früchtetragende Bäume sind nicht so häufig, sie müssen gefunden und ihr Ort in einem relativ großen Territorium gemerkt werden. Teilweise ist auch Werkzeuggebrauch nötig, wenn es z. B. darum geht, Nüsse mit Steinen aufzuknacken. Auch soziale Kooperation ist beim Durchstreifen des großen Territoriums und der Nahrungsfindung sehr hilfreich. Gute Nahrung ermöglicht auch größere Gruppen und besseren Genaustausch bei monogamer Bindung. Bei Brüllaffen hingegen kommen auf ein Männchen in etwa sechs Weibchen, was zu durchschnittlich kleineren Gruppen, aber auch zu geringerem Genaustausch führt, weil die Gene des Männchens (im Vergleich zur monogamen Bindung) überproportional häufig weitergegeben werden.

Der Zusammenhang zwischen Gehirngröße und Qualität der Nahrung zeigt sich nicht nur in der Evolution verschiedener Säugetierarten, er kann auch auf individueller Ebene beim Menschen beobachtet werden. In einer groß angelegten Studie (der „Rotterdam-Studie") an mehr als 4000 Erwachsenen konnte gezeigt werden, dass Menschen, die sich gesund ernähren, auch ein größeres

3 Die Gehirnrinde: Anatomie und Neurophysiologie ...

Gehirn haben [6]. Dies betrifft vor allem das Ausmaß der Vernetzung zwischen kortikalen Neuronen, die weiße Substanz genannt wird. Zur gesunden Ernährung zählen eine ausreichende und ausgewogene Aufnahme von Gemüse, Früchten, Nüssen, Vollkornprodukten, Milchprodukten, Fleisch und Fisch sowie die Vermeidung zuckerhaltiger Getränke. Wichtig ist, dass man in dieser Studie den Einfluss anderer Variablen, die ebenfalls die Gehirngröße beeinflussen, wie z. B. das interkranielle Volumen (das mit der Körpergröße korreliert), Alter, Geschlecht, die Bildung, Bewegung und den body mass index kontrolliert hat. Deswegen lässt sich sagen, dass der positive Zusammenhang zwischen Gehirngröße und guter Ernährung aller Wahrscheinlichkeit nach kausal ist. Wichtig in diesem Zusammenhang sind auch Befunde, die zeigen, dass ausreichende Bewegung einen positiven Einfluss auf die Gehirngröße hat [7], wohingegen Fettleibigkeit mit einer Abnahme des Gehirnvolumens assoziiert ist [8]. Abb. 3.2 gibt einen Überblick über die besprochenen Zusammenhänge.

Obwohl ein überproportional großes Gehirn eine wichtige Voraussetzung für höhere Intelligenz ist, eine wirklich überzeugende Erklärung für die intellektuelle Überlegenheit des Menschen ist es trotzdem nicht. Wir haben zwar das – relativ zur Körpergröße – größte Gehirn, andere Tiere schneiden aber nahezu ähnlich gut ab. Mäuse und Delphine haben z. B. auch überproportional große Gehirne, aber es ist kaum anzunehmen, dass sie ähnlich intelligent sind wie wir. Generell tendieren kleine im Vergleich zu großen Tieren zu einem überproportional großen Gehirn, ein Zusammenhang, der als Haller's Regel (Haller's rule) bekannt ist [9]. Auch bezüglich dieses Zusammenhangs lässt sich nicht sagen, dass kleine Tiere generell intelligenter sind als große. Was also ist die spezifische Grundlage neuronaler Verarbeitungskapazität, die hohe kognitive Leistungen ermöglicht?

Gehirngröße, Evolution und Umwelteinflüsse

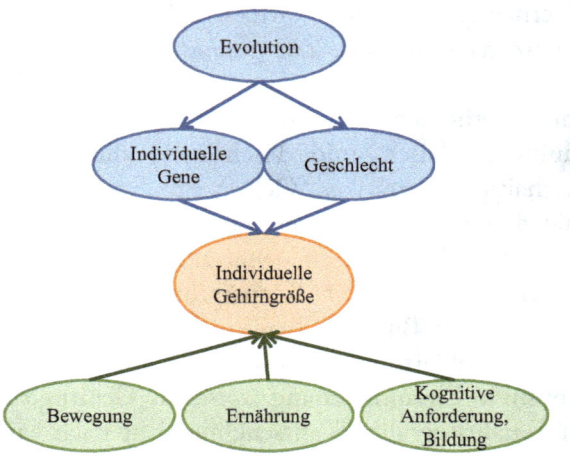

Abb. 3.2 Die Gehirngröße ist weitgehend genetisch vorgegeben. Dies betrifft nicht nur den evolutiv festgelegten Zusammenhang zwischen Körpergröße und Gehirngröße, sondern ebenso interindividuelle Unterschiede in der Gehirngröße sowie den Einfluss des Geschlechts. Frauen sind kleiner als Männer und haben generell auch ein kleineres Gehirn. Umwelteinflüsse modifizieren diese Zusammenhänge. Mangelnde Bewegung, schlechte Ernährung und fehlende kognitive Anforderung führen zu einer Abnahme des Gehirnvolumens. Umgekehrt fördern ausreichende Bewegung, optimale (ausreichende und ausgewogene) Ernährung und kognitive Anforderung das Gehirnwachstum

Die Antwort auf diese Frage liegt aller Wahrscheinlichkeit in der Lösung eines komplexen Skalierungs- und Optimierungsproblems, das zumindest die folgenden Variablen betrifft: die Anzahl kortikaler Neurone und ihre Größe, die Vernetzungsdichte zwischen den Neuronen, die Geschwindigkeit der Informationsverarbeitung [10] und die Verfügbarkeit qualitativ hochwertiger Nahrung, um ein großes Gehirn ausreichend mit Energie versorgen zu können. Keine dieser Variablen kann verändert werden, ohne die anderen ebenfalls zu verändern.

Das riesige Gehirn der Wale z. B. hat sehr viele Neurone, aber wegen der Größe des Gehirns auch sehr lange Verbindungswege zwischen den Neuronen, was eine deutliche Verlangsamung der kortikalen Informationsverarbeitung nach sich zieht. Für Wale ist das wahrscheinlich kein besonderer Nachteil, weil einerseits ihre Bewegungen sehr langsam sind und sie in einer Umwelt leben, in der sich die Dinge nur langsam ändern. Mäuse hingegen haben ein sehr kleines Gehirn mit kurzen Verbindungswegen. Es ermöglicht sehr schnelle Informationsverarbeitung und rasche Reaktionen. Allerdings ist die relativ geringe Anzahl an Neuronen auch ein deutlicher Nachteil, wenn es um höhere kognitive Fähigkeiten geht. Die funktionelle Bedeutung und das Zusammenspiel dieser unterschiedlichen Variablen werden gut erkennbar, wenn man die Vernetzungseigenschaften des Kortex betrachtet.

3.3 Eigenschaften kortikaler Vernetzung

Die Eigenschaften kortikaler Vernetzung können wegen ihrer hohen Komplexität nicht direkt z. B. mithilfe eines Mikroskops beobachtet werden. Der Grund ist, dass der Zellkörper kortikaler Neurone extrem klein, aber die Vernetzung zwischen den Neuronen extrem hoch ist, weil auch weit entfernte Teile des Kortex miteinander verbunden sind. Mit dem Mikroskop kann nur ein winziger und noch dazu nur zweidimensionaler Ausschnitt erfasst werden. Die Eigenschaften der Vernetzung können daher nur indirekt, z. B. durch statistische Schätzungen, erschlossen werden [11].

Die vom Zellkörper eines Neurons weggehenden Verzweigungen nennt man axonale Verästelung oder axonalen Baum. Über diesen fließen elektrische Signale – die Aktionspotenziale (AP) – zu anderen Neuronen. Die zum Zellkörper hinführenden Signale kommen über den Dendritenbaum herein (zur Illustration, siehe Abb. 3.4a weiter unten). Die hohe Vernetzungsdichte im Kortex kann man leicht dadurch nachweisen, indem man die Volumenanteile der Dendriten und Axone (inklusive der synaptischen Verbindungen) berechnet. Sie zusammen betragen ca. 70 % des kortikalen Volumens! Der Zellkörper der Neurone und die für die Energieversorgung unentbehrlichen Gliazellen und Blutgefäße machen die restlichen 30 % aus. Diese Angaben beziehen sich nur auf die dünne Schicht des Kortex, der nur wenige Millimeter dick ist und in dem die axonalen Fasern dünn, weil nicht myelinisiert sind. Diese Schicht wird auch als graue Masse (Substanz) bezeichnet.

Wie Abb. 3.3 zeigt, besteht ein Großteil des Gehirnvolumens aus weißer Substanz, die aus myelinisierten Axonen (auch „Fasern" genannt) besteht, die weit auseinanderliegende Neurone verbinden. Das Myelin wird durch spezialisierte Gliazellen gebildet und dient – einfach ausgedrückt – der Isolierung der Axone. Je größer die Myelinschicht ist, desto geringer ist der Spannungsverlust und desto rascher kann sich das AP ausbreiten. Die Vernetzung innerhalb der grauen Substanz wird als intrakortikale, jene der weißen Substanz als interkortikale Vernetzung bezeichnet. Der hohe Vernetzungsanteil zeigt, dass eine Zu- oder Abnahme des Gehirnvolumens primär auf eine Zu- bzw. Abnahme der Vernetzung zurückzuführen ist. Dies macht deutlich, dass der Vernetzungsgrad (neben der Anzahl an Neuronen) eine der wichtigsten anatomischen Voraussetzungen für Intelligenz bzw. kognitive Leistungsfähigkeit ist.

Der menschliche Kortex hat ca. 10^{10} bis 10^{11} Neurone [12] und eine Oberfläche von ca. 2500 cm^2. Pro cm^2

Vernetzung macht den Großteil des Hirnvolumens aus

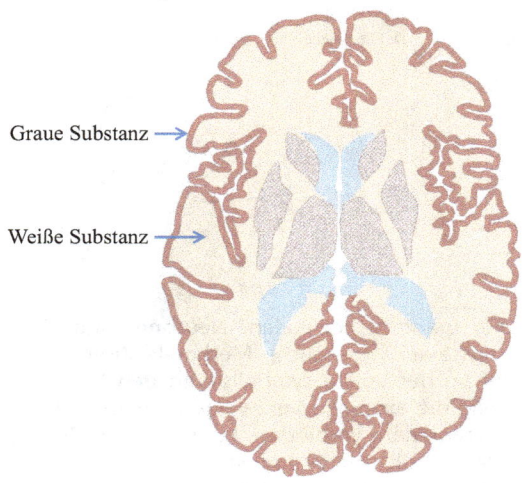

Abb. 3.3 Schematische Darstellung eines horizontalen Gehirnschnittes auf der Höhe des Thalamus. Der Kortex bildet die Oberfläche des Gehirns und ist hier durch einen rötlich-braunen Linienzug dargestellt. Etwas dunklere Flächen sind subkortikale Kerne, bläuliche Flächen sind Ventrikel. Weitaus der größte Flächenanteil (helle Farbe) ist interkortikale Vernetzung. Sie besteht aus myelinisierten axonalen Verbindungen zwischen kortikalen Neuronen

ergeben sich bei vorsichtiger Schätzung: $10^{10}/(2,5 \times 10^3) \approx 10^7$ Neurone pro cm². Berücksichtigt man, dass der Kortex in ca. 2,5 Millionen Module (kortikale Kolumnen) gegliedert ist, dann gibt es auf jedem cm² Kortexoberfläche 1000 Module: $(2,5 \times 10^6)/(2,5 \times 10^3) = 1000$. Da 1 cm² Kortexoberfläche 10^7 Neurone aufweist, ergeben sich pro Modul 10^4 bzw. 10.000 Neurone ($10^7/10^3 = 10^4$).

Da ein kortikales Neuron (genauer eine Pyramidenzelle) im Durchschnitt ca. 10^4 Synapsen aufweist, kommen wir zur wichtigen Feststellung, dass innerhalb eines einzigen Moduls jede Nervenzelle mit jeder anderen direkt

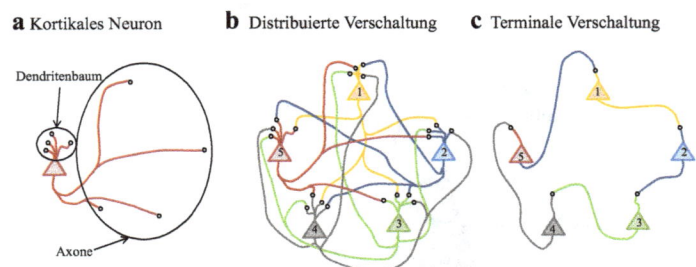

Kortikale Neurone und ihre Verschaltungsprinzipien

a Kortikales Neuron   **b** Distribuierte Verschaltung   **c** Terminale Verschaltung

Abb. 3.4 Die meisten kortikalen Neurone sind Pyramidenzellen, a) zeigt zwei wesentliche Merkmale ihrer Struktur: Die kurzen ‚Äste' an der Spitze symbolisieren den Dendritenbaum, die langen Äste die axonalen Verzweigungen, die sehr weit entfernte Kortexregionen verbinden können. Der Zellkörper ist als Dreieck dargestellt. Die Skizze ist nicht maßstäblich und der Zellkörper überproportional groß gezeichnet. b) und c) zeigen unterschiedliche Prinzipien der kortikalen Verschaltung für fünf Neurone. Das in b) gezeigte Beispiel entspricht dem Prinzip maximaler Vernetzung: Jedes Neuron ist mit *jedem* anderen über Synapsen (kleine Kreise) verbunden. Man spricht bei diesem Prinzip auch von distribuierter Verschaltung. In c) hingegen ist jedes Neuron nur mit *einem* anderen verbunden. Dieses Beispiel entspricht dem Prinzip minimaler (oder terminaler) Vernetzung. Wenn man mit n die Anzahl an Neuronen bezeichnet, dann ist die Anzahl an Synapsen m bei minimaler Vernetzung $m = n$. Bei maximaler Vernetzung ist $m = n*(n-1)$, also n-1-mal größer. Auch die Anzahl der Dendriten und die Länge axonaler Verzweigungen sind entsprechend größer. Deswegen braucht maximale Vernetzung auch ein großes Gehirnvolumen

verbunden sein kann. Wie in Abb. 3.4 dargestellt ist, handelt es sich dabei um das Prinzip maximaler Vernetzung. Die Anzahl der Synapsen pro Modul beträgt $10^4 * 10^4 = 10^8$, die Gesamtanzahl im Kortex ist um Wesentliches höher: $2{,}5 * 10^6 * 10^8 = 2{,}5 * 10^{14} = 250$ Billionen Synapsen.

3.3.1 Maximale Vernetzung ist Trumpf, benötigt aber ein großes Gehirn

Wie lässt sich nun zeigen, welches Vernetzungsprinzip im Kortex vorliegt? Es gibt drei empirische Tatsachen, auf die man achten muss. Es sind die große Anzahl an Neuronen, die extrem hohe Anzahl an Synapsen pro Neuron und die vergleichsweise langsame Signalübertragungsgeschwindigkeit. Mit langsamer Geschwindigkeit ist gemeint, dass die elektrische Übertragung wegen der vergleichsweise geringen Geschwindigkeit der ionalen Ladungsträger und der chemischen Signalübertragung an den Synapsen weit davon entfernt ist, an die Verarbeitungsgeschwindigkeit elektronischer Systeme heranzureichen. In metallischen Leitern hat Strom eine Ausbreitungsgeschwindigkeit in der Größenordnung von ca. 10^6 m in der Sekunde. Die kortikale Signalübertragungsgeschwindigkeit liegt nur bei 4 bis 10 m pro Sekunde.

Das folgende Gedankenexperiment soll zeigen, wie langsam die neuronale Verarbeitung im Vergleich zur Lichtgeschwindigkeit und zur Ladungsbewegung des elektrischen Stroms ist. Nehmen wir als Beispiel die Distanz Erde-Sonne (ca. 150 Mio. km = 1,5 * 10^{11} m), für die das Licht etwas mehr als 8 min benötigt. Periphere Nerven haben bis zu 1 m lange Axone. Nehmen wir an, dass wir auf jedem Meter zur Sonne ein Neuron haben, das mit den anderen in Form einer Kette verbunden ist. Bei einer Übertragungsgeschwindigkeit von 10 m in 1 s würde das neuronale Signal 476 Jahre benötigen. Elektrischer Strom würde für die Distanz Erde-Sonne 42 h benötigen.

Gehen wir zunächst vom Prinzip der minimalen Vernetzung aus. Demnach müssten innerhalb eines Moduls alle 10.000 Neurone in Form einer Kette verbunden sein.

Schätzt man die Weiterleitungsgeschwindigkeit eines Signals innerhalb eines Neurons inklusive der synaptischen Übertragungszeiten auf nur 5 Millisekunden (5 ms), dann dauert die Aktivierung aller Neurone eines Moduls knapp eine Minute (50 s). Sind auch alle 2,5 Millionen Module nach dem gleichen Prinzip verbunden, dann dauert die Aktivierung aller Module vier Jahre!! (50 s * 2,5 * $10^6 = 125 * 10^6$ s; $= 34.722$ h; $= 1447$ Tage; $= 48$ Monate ; $= 4$ Jahre). Diese einfache Rechnung zeigt, dass minimale Vernetzung nicht als kortikales Verschaltungsprinzip infrage kommt.

Auch der empirisch errechnete Wert von 10^{14} Synapsen stimmt nicht mit jener Zahl überein, die bei minimaler Vernetzung zu erwarten wäre. Für diese Verschaltung reicht eine Synapse pro Neuron aus, was bedeutet, dass für ein Modul 10^4 und für alle Module 10^{10} anstelle der errechneten 10^{14} vorliegen sollten.

Völlig anders sieht die Situation aus, wenn wir maximale Vernetzung annehmen. Dann kann innerhalb eines Moduls jedes Neuron jedes andere in nur 5 ms aktivieren. Wenn auch die Module vollständig vernetzt sind, braucht es nur weitere 5 ms, um ein anderes Modul zu erreichen. Diese kurzen Aktivierungszeiten scheinen absolut plausibel zu sein, wenn man bedenkt, dass der visuelle und parietale Kortex nur etwa 100 ms benötigen, um ein komplexes Bild semantisch einordnen (kategorisieren) zu können, wie elektrophysiologische Studien zeigen [13].

Eine weitere wichtige Eigenschaft maximaler Vernetzung ist parallele Informationsverarbeitung. Bei minimaler Vernetzung ist die Informationsübertragung seriell, ein Neuron wird nach dem anderen aktiviert. Bei maximaler Vernetzung kann ein einziges Neuron gleichzeitig 10.000 andere Neurone aktivieren. Insgesamt ergibt sich das Bild einer extrem parallel-distribuierten, maximal und weiträumig vernetzten Verschaltung.

Diese Überlegungen zeigen klar, dass die Geschwindigkeit kortikaler Verarbeitung vom Ausmaß der Vernetzung abhängig ist, die direkt mit der Anzahl an Synapsen und der Anzahl an Neuronen in Zusammenhang steht. Im Vergleich zu elektronischen Systemen hat das Gehirn – trotz seiner langsameren Signalübertragung – einen Geschwindigkeitsvorteil, der in den Vernetzungseigenschaften begründet ist.

Für die neuronale Verarbeitungskapazität zeigen sich drei Größen, die ausschlaggebend sind: die Anzahl der Neurone, die Qualität der Vernetzung und die Anzahl der Synapsen. Allerdings zeigt sich hier auch ein limitierender Faktor für die Skalierung/Optimierung: Die Anzahl der Neurone kann nicht beliebig erhöht werden. Bei vollständiger Vernetzung und weiterem Anstieg der Anzahl an Neuronen würde das Gehirnvolumen überproportional ansteigen, und wegen der zunehmenden Größe des Gehirns würden auch die Verbindungswege immer länger und damit die Aktivierungswege immer langsamer werden.

Die exakte neuronale Verschaltung innerhalb und zwischen den Modulen ist nicht bekannt und methodisch auch kaum erfassbar. Eine offene Frage z. B. ist, wie viele Neurone innerhalb eines Moduls primär mit anderen Neuronen desselben Moduls oder mit Neuronen anderer Module verbunden sind. Die mittlerweile klassischen Arbeiten von Valentino Braitenberg und Almut Schüz vom MPI Tübingen [11] legen eine Art „Zufallsverschaltung" nahe, wie sie in Abb. 3.4b skizziert ist. Demnach gibt es – statistisch gesehen – keine bevorzugten „Verschaltungsziele", weder in primär benachbarte noch in primär weit entfernte Neurone. Das bedeutet aber auch, dass lange Verschaltungswege in Kauf genommen bzw. nicht vermieden werden. Das stimmt gut mit der Tatsache überein, dass ein Großteil des Gehirnvolumens weiße Substanz ist, die aus langen, myelinisierten Axonen besteht, die weit auseinanderliegende Regionen verbinden.

Die neurowissenschaftliche Forschung zeigt, dass Gedächtnis in kortikalen Netzwerken implementiert ist [14]. Die neurophysiologischen Grundlagen von Lern- und Gedächtnisprozessen sind gut erforscht, und die allgemeine Erkenntnis ist, dass bestimmte Informationen nicht an bestimmten Orten, sondern distribuiert (weitverzweigt) gespeichert sind. Oder mit anderen Worten ausgedrückt: Information ist vernetzt gespeichert.

3.4 Vernetzte Gedächtnisstrukturen und getaktete Aktivierung

Ein interessantes Paradoxon unterstreicht die Bedeutung der Vernetzung: Je mehr zusammenhängendes Wissen im Gehirn gespeichert ist, desto rascher kann es abgerufen werden [15]. Die Informationsverarbeitungsgeschwindigkeit nimmt zu, je mehr im Gedächtnis gespeichert ist. Ein gutes Beispiel ist das Wissen von Experten. Sie haben viel Wissen zu einem Thema im Gedächtnis gespeichert und können auf dieses rascher zugreifen als ein Laie, der zu diesem Thema nur wenig weiß. Bei Computern ist es genau umgekehrt: Mit zunehmender Auslastung des Speichers nimmt die Geschwindigkeit der Informationsverarbeitung ab.

Wie kann man dieses Paradoxon erklären? Die Antwort liegt in der Eigenschaft synchroner (d. h. gleichzeitiger) und konvergierender neuronaler Aktivierung in vernetzten Strukturen. Wird der Dendritenbaum eines Neurons synchron von vielen hereinkommenden Signalen aktiviert, dann kann das Neuron sehr rasch reagieren. Sind es nur wenige Signale, dann ist die Reaktion langsam. Da maximale Vernetzung bedeutet, dass ein Neuron von einer maximal großen Anzahl anderer Neurone aktiviert werden kann, ist eine wichtige Voraussetzung für eine schnelle Aktivierungsausbreitung gegeben. Wichtig ist aber auch die synchrone Aktivierung. Wenn die zeitlichen Abstände der hereinkommenden Aktivierungen am Dendritenbaum zu groß sind, können sich die neuronalen Signale nicht aufaddieren und das Neuron würde kein Signal weiterleiten. Wie aber ist es möglich, synchrone Aktivierung zu erreichen? Interessanterweise sind es wieder die Eigenschaften vernetzter Strukturen selbst, die getaktete und damit synchrone Aktivierung ermöglichen. Einen Erklärungsansatz dazu liefert das Vernetzungsmodell des semantischen Gedächtnisses, das in Abb. 3.5 durch ein einfaches Beispiel illustriert ist [15]. Es zeigt die hypothetische Struktur eines semantischen Codes zum Begriff „Gimpel", der durch vier Merkmale (hat Flügel, ist rot, hat Federn, kann fliegen) repräsentiert ist. Dass dies die Merkmale des Begriffs sind, ist nur dadurch festgelegt, dass alle vier Knoten, die zum selben Code (d. h. zum Begriff „Gimpel") gehören, vollständig vernetzt sind: Jeder Knoten ist mit allen anderen direkt (und nicht „nur" durch Zwischenknoten) verbunden. Dasselbe gilt auch für den Begriff „Vogel" mit seinen drei Merkmalen (hat Federn, hat Flügel, kann fliegen).

Eine der schwierigen Fragen der Gedächtnisforschung ist, wie bestimmte Inhalte aufgefunden werden können, ohne das gesamte Gedächtnisnetzwerk zu aktivieren. Generell geht man von der Annahme aus, dass dem Suchvorgang im Gedächtnis sich ausbreitende neuronale Aktivierung (spreading activation) zugrunde liegt. Aber wie kommt es zum Abbruch des Suchvorganges? Das Vernetzungsmodell beantwortet diese Frage durch

Vernetzter Gedächtniscode

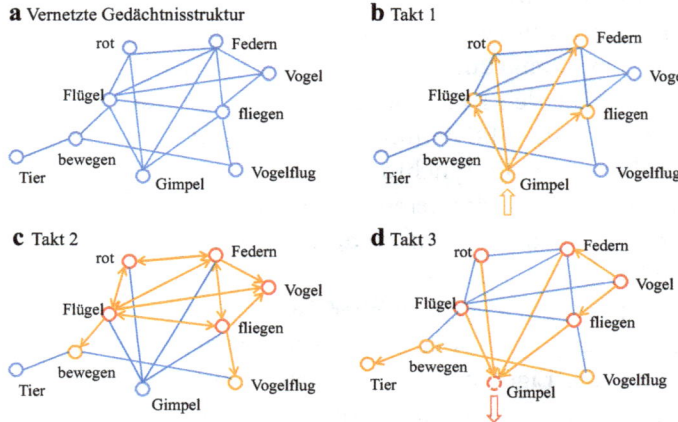

Abb. 3.5 Vernetzte Gedächtnisstrukturen wie in a) gezeigt, sind durch Knoten und Verbindungen dargestellt. Knoten repräsentieren Gedächtnisinhalte, Verbindungen Assoziationen zwischen ihnen. Jede Verbindung ist reziprok, was bedeutet, dass jede Verbindung in beiden Richtungen aktiviert werden kann. Die interessante Beobachtung ist, dass vernetzte Strukturen zu zyklischen Aktivierungen führen. Der 1. Takt (b) beginnt mit dem Zugriff auf einen Gedächtnisinhalt und mit der Aktivierung direkt verbundener Knoten (gelb markiert). Im 2. Takt (c) fließen Aktivierungen zu allen direkt benachbarten Knoten und addieren sich dort auf (rot markiert). Wegen der starken Vernetzung und reziproken Verbindung werden die Knoten für Flügel, rot, Federn, fliegen und Vogel mehrmals aktiviert, was ihren Aktivierungsstatus stark erhöht. Im 3. Zyklus fließt Aktivierung zum Ausgangsknoten zurück. Ihre Stärke ist eine Funktion der Anzahl der Knoten, die mit dem Ausgangsknoten (Gimpel) direkt verbunden und untereinander vollständig vernetzt sind. Da zwischen Aktivierungsstärke und Geschwindigkeit ein positiver Zusammenhang besteht, zeigt sich, dass vernetzte Strukturen, in denen viel Information gespeichert ist, rascher abgerufen werden können als solche, die nur wenig Information speichern

die Taktung des Aktivierungsvorganges. Nehmen wir an, jemandem wird die Frage gestellt: Weißt du, was ein Gimpel ist? Falls das Wort im (lexikalischen) Gedächtnis gespeichert ist und der Befragte weiß, was ein Gimpel ist, wird in einem 1. Takt Aktivierung zu allen vier Merkmalsknoten fließen, wie in Abb. 3.5b gezeigt ist. Da alle Verbindungen reziprok sind, fließt im 2. Takt Aktivierung von jedem Merkmalsknoten zu jedem anderen und addiert sich dort auf (symbolisiert durch die rot gefärbten Merkmalsknoten). Jetzt fließt Aktivierung auch zu benachbarten Knoten, wie z. B. zum Begriffsknoten „Vogel". In einem 3. und letzten Takt fließt Aktivierung konvergierend zum Ausgangsknoten (von dem der Suchprozess ausgegangen ist) zurück und addiert sich dort weiter auf. Das rasche Zurückfließen der Aktivierung bedeutet, dass der Suchvorgang erfolgreich war und dass der Befragte weiß, was ein Gimpel ist. Es ist das Kriterium für den Abbruch des Suchprozesses. Falls der Befragte noch nie etwas von einem Gimpel gehört hat, dann gibt es keinen Eintrag im lexikalischen Gedächtnis. Es kann kein Suchvorgang starten und auch keine Aktivierung zurückfließen, was eindeutig zeigt, dass zum gesuchten Begriff Wissen fehlt.

In vollständig vernetzten Strukturen ist die Stärke zurückfließender Aktivierung eine Funktion der Anzahl aktivierter Knoten (bzw. der Größe des aktivierten Wissens). Je mehr Wissen gespeichert ist, desto rascher erfolgt die Bereitstellung des gesuchten Wissens, weil die Aktivierungsstärke die Geschwindigkeit bestimmt. Die wichtigste Schlussfolgerung ist, dass in vollständig vernetzten Strukturen ein Zeitmuster – die getaktete bzw. rhythmische Aktivierungsstruktur – verhindert, dass die Aktivierungsausbreitung chaotisch abläuft. Diese Feststellung bildet die Grundlage für die funktionelle Bedeutung von Gehirnschwingungen, die im nächsten Kapitel besprochen werden.

3.5 Literatur mit Kurzkommentaren zu Kap. 3

[1] Gedächtnis. Zu diesem Thema gibt es, je nach Ansatz, umfangreiche, ja eine nahezu unüberschaubare Anzahl an Arbeiten. Hier sind zwei klassische Arbeiten, eine von Larry Squire und eine von Endel Tulving, sowie ein Lehrbuch angeführt. Squire betont den Unterschied zwischen Gedächtnisinhalten, auf die wir gezielt und bewusst zugreifen können, und solchen, die uns nur implizit zur Verfügung stehen. Tulving hat in seinen Arbeiten auf das Ich-bezogene Gedächtnis aufmerksam gemacht, das als episodisches Gedächtnis bezeichnet wurde. Einigkeit besteht darüber, dass Gedächtnis aus vielen Systemen besteht, z. B. dem Kurz- und Langzeitgedächtnis, das wiederum in ein episodisches, semantisches und prozedurales Gedächtnis unterteilt wird.
Gazzaniga, M. S., Ivry, R. B., & Mangun, G. R. (2002). Cognitive Neuroscience: The Biology of the Mind. ISBN 0-393-97777-3. Norton & Co., New York, London
Squire, L. R. (2004). Memory systems of the brain: A brief history and current perspective. Neurobiology of Learning and Memory, 82, 171–177. https://doi.org/10.1016/j.nlm.2004.06.005
Tulving, E. (1987). Multiple memory systems and consciousness. Human Neurobiology, 6, 67–80.

[2] MRI-Studien zur Gehirngröße und Intelligenz, hier eine Auswahl:
Pietschnig, J., Penke, L., Wicherts, J. M., Zeiler, M., & Voracek, M. (2015). Meta-analysis of associations between human brain volume and

intelligence differences: How strong are they and what do they mean? Neuroscience and Biobehavioral Reviews 57, 411–432. https://doi.org/10.1016/j.neubiorev.2015.09.0170

Wickett, J. C., Vernona, P. A., & Lee, D. H. (2000). Relationships between factors of intelligence and brain volume. Personality and Individual Differences 29, 1095–1122.

[3] Evolution von Gehirngröße und Intelligenz
Roth, G., & Dicke, U. (2005). Evolution of the brain and intelligence. Trends in Cognitive Sciences, Vol. 9 No. 5, 250–257. https://doi.org/10.1016/j.tics.2005.03.005

[4] Stoffwechsel und Gehirngröße
Leonard, W. R., Robertson, M. L., Snodgrass, J. J., & Kuzawa, C. W. (2003). Metabolic correlates of hominid brain evolution. Comparative Biochemistry and Physiology Part A 136. 5–15. https://doi.org/10.1016/S1095-6433(03)00132-6

[5] Gehirngröße und Ernährung am Beispiel von Brüll- und Klammeraffe
Milton, K. (1993). Diet and primate evolution. Scientific American, 8, 85–94.

[6] Ausreichende und gesunde Ernährung: Anbei die Rotterdam-Studie und eine allgemeinverständliche Zusammenfassung im Buch von Manuela Macedonia:
Croll, P. H., Voortman, T., Ikram, M. A., Franco, O. H., Schoufour, J. D., Bos, D., & Vernooij, M. W. (2018). Better diet quality relates to larger brain tissue volumes: The Rotterdam Study. Neurology, 90 (24), e2166–e2173. https://doi.org/10.1212/WNL.0000000000005691

Macedonia, M. (2021). Iss dich klug! Und dein Gehirn freut sich. Red Bull Media House. Wals bei Salzburg. ISBN 978-3-7110-0272-3

[7] Bewegung in Sinne kardiovaskulären Trainings hat einen großen und positiven Einfluss auf kognitive Leistung und Gehirngröße. Auf diese Zusammenhänge haben ursprünglich vor allem die Arbeiten von Arthur Kramer und KollegInnen hingewiesen. Manuela Macedonia gibt in ihrem Buch zu diesem Thema eine originelle Zusammenfassung:
Colcombe, S. J., & Kramer A. F. (2003). Fitness effects on the cognitive function of older adults: a meta-analytic study. Psychol Sci., 125–130.
Colcombe, S. J., Erickson, K. I., Scalf, P. E., Kim, J. S., Prakash, R., McAuley, E., Elavsky, S., Marquez, D. X., Hu, L., & Kramer, A. F. (2006). Aerobic Exercise Training Increases Brain Volume in Aging Humans. Journal of Gerontology: Medical Sciences, 2006, Vol. 61A, No. 11, 1166–1170.
Kramer, A. F., Hahn, S., & Cohen, N., et al. (1999). Aging, fitness, and neurocognitive function. Nature; 400, 418–419.
Macedonia, M. (2018). Beweg Dich! Und dein Gehirn sagt danke. Christin Brandstätter Verlag. ISBN 978-3-7106-0260-3 978-3-7106-0260-3

[8] Ward, M. A., Carlsson, C. M., Trivedi, M. A., Sager, M. A., & Johnson, S. C. (2005). The effect of body mass index on global brain volume in middle-aged adults: a cross sectional study. BMC Neurology, 5: 23, 1–7. https://doi.org/10.1186/1471-2377-5-23

[9] Die Haller-Regel geht auf eine Entdeckung des deutschen Physiologen Albrecht von Haller zurück, der im 18. Jahrhundert gelebt hat. Sie wurde bereits 1762 veröffentlicht. Eine frühe Beschreibung findet sich z. B. in einer Publikation des Biologen Bernhard Rensch:

Rensch, B. (1948): Histological changes correlated with evolutionary changes of body size. Evolution 2, 218–230.

[10] Intelligenz und die „general processing capacity", die auf einer Vielzahl spezifischer Faktoren beruht, Übersichtsarbeiten:
Dicke, U., & Roth, G. (2016). Neuronal factors determining high intelligence. Phil. Trans. R. Soc. B 371: 20150180. https://doi.org/10.1098/rstb.2015.0180
Galakhova, A. A., Hunt, S., Wilbers, R., Heyer, D. B., de Kock, C. P. J., Mansvelder, H. D., & Goriounova, N. A. (2022). Evolution of cortical neurons supporting human cognition. Trends in Cognitive Sciences, Vol. 26, No. 11, 909–922. https://doi.org/10.1016/j.tics.2022.08.012909

[11] Zur kortikalen Vernetzung gibt es eine Vielzahl an Arbeiten. Eine exakte statistische Analyse findet sich in den Arbeiten von Valentin Braitenberg und Almut Schüz.
Braitenberg, V., & Schüz, A. (1991). Anatomy of the Cortex: Statistics and Geometry. Springer, Berlin.
Braitenberg, V. (2001). Brain Size and Number of Neurons: An Exercise in Synthetic Neuroanatomy. Journal of Computational Neuroscience 10, 71–77.

[12] Die Schätzung der Neuronenzahl im Gehirn hat eine lange Geschichte und beruht auf unterschiedlichen Methoden. Hier eine Übersichtsarbeit:
von Bartheld, C. S., Bahney, J., & Herculano-Houzel, S. (2016). The Search for True Numbers of Neurons and Glial Cells in the Human Brain: A Review of 150 Years of Cell Counting. J Comp Neurol. 524 (18): 3865–3895. https://doi.org/10.1002/cne.24040

[13] Visuelle Verarbeitungsgeschwindigkeit von ca. 100 ms. Die P1-Komponente des ereigniskorrelierten Potenzials (EKP), die schon 100 ms nach Darbietung eines Bildes erscheint, reagiert bereits auf semantische Inhalte. Hier eine Übersichtsarbeit:
Klimesch, W. (2011). Evoked alpha and early access to the knowledge system: The P1 inhibition timing hypothesis. Brain Research, 1408, 52–71.

[14] Dass die Speicherung von Information im Gedächtnis in weitverbreiteten, distribuierten Netzwerken erfolgt, ist ein empirisch gut bestätigter Befund. Hier zwei klassische Arbeiten:
Fuster, J. M. (2006). The cognit: A network model of cortical representation. International Journal of Psychophysiology, 60, 125–132. https://doi.org/10.1016/j.ijpsycho.2005.12.015
McNaughton, B. L., & Morris, R. G. M. (1987). Hippocampal synaptic enhancement and information storage within a distributed memory system. TINS, Vol. 10, No. 10; 408–415.

[15] Klimesch, W. (1994). The Structure of Long-Term Memory: A Connectivity Model of Semantic Processing. Lawrence Erlbaum, Hillsdale, N. J. ISBN 0-8058-1354-3

4

Das lebende Gehirn ist 4-dimensional: Gehirnanatomie und die Zeit

Die traditionelle Gehirnforschung, aber auch die aktuelle neurowissenschaftliche Forschung konzentriert sich auf die funktionelle Anatomie. Zu dieser Frage existiert umfangreiches Wissen, das Lehrbücher füllt [1]. Trotzdem ist klar, dass auch noch so detailliertes Wissen über die funktionelle Anatomie allein Gehirnfunktionen – wie z. B. höhere kognitive Prozesse – nicht erklären kann. Der Grund ist, dass das lebende Gehirn 4-dimensional ist, es besteht aus den drei Raumdimensionen und der Zeit. Das tote Gehirn ist 3-dimensional, die Zeit, die 4. Dimension ist verloren gegangen.

Alle Neurone im Gehirn zeigen „Spontanaktivität", was bedeutet, dass jedes Neuron zu jedem Zeitpunkt aktiv ist. Und die Situation ist noch einen Schritt komplexer, weil im Gehirn Raum und Zeit nicht unabhängig voneinander sind [2]. Neuronale Aktivierung breitet sich im Gehirn in Form von Wanderwellen aus [3] und trifft dabei auf Raumstrukturen (= 3-dimensionale neuronale Netze), die unterschiedliche Erregungszustände aufweisen. Manche sind mehr oder minder stark erregt (exzitatorisch), andere mehr oder minder gehemmt (inhibiert). Trifft sich ausbreitende Erregung auf ein exzitatorisches Netz, so wird die Ausbreitung beschleunigt, und umgekehrt trifft sie auf ein inhibiertes Netz, so wird sie abgebremst. Der zeitliche Abstand zweier Ereignisse (Aktivierung von Gehirnregion A und B) hängt daher nicht nur von der Geometrie des Raumes (dem Abstand und Vernetzungsgrad zwischen A und B), sondern auch von seinen Erregungszuständen ab, in denen sich neuronale Aktivierung ausbreitet. Diese Feststellung erinnert an den Begriff des Raum-Zeit-Kontinuums, der in der Relativitätstheorie eine wichtige Rolle spielt. Interessant in diesem Zusammenhang ist die Tatsache, dass unser subjektives Erleben von Raum und Zeit Unabhängigkeit suggeriert. Wir können in unseren Gedanken ein beliebiges Ereignis, das wir in der Vergangenheit erlebt haben, aufsuchen oder uns ein zukünftiges Ereignis vorstellen, unabhängig davon, wie weit diese Ereignisse räumlich entfernt sind. Ähnliches gilt für unser Ortsgedächtnis. Wir können uns einen beliebigen Ort vorstellen (z. B. ein bestimmtes Zimmer in unserer Wohnung) weitgehend unabhängig von der Zeit (wann wir zuletzt an diesem Ort waren).

4.1 Die „Anatomie" der Gehirnzeit

Zu den spannendsten Themen der jüngeren neurowissenschaftlichen Forschung zählt die Frage, wie es möglich ist, die unglaublich komplexen, zeitlich parallel ablaufenden Aktivierungen so zu koordinieren, dass geordnete Gedanken und Bewusstsein entstehen. Es stellen sich drei Fragen: Was ist die physiologische Grundlage von Zeit? Steuert sie den Ablauf neuronaler Prozesse? Und: Hat

4 Das lebende Gehirn ist 4-dimensional ...

die Zeit, die das Gehirn erzeugt, „Anatomie", d. h. eine mathematisch beschreibbare Struktur? Die dritte Frage führt uns in die algorithmische Welt, sie wird später in Kap. 6 behandelt.

Bei der ersten Frage muss man einen (mehr oder minder) trivialen von einem nicht trivialen Aspekt unterscheiden. Zeit erfahren wir über das Nacheinander von Ereignissen: Eine Sekunde, eine Stunde vergeht nach der anderen. Jede Art von Bewegung ist durch eine Aufeinanderfolge von Ereignissen in der Zeit charakterisiert. Es handelt sich um eine Gesetzmäßigkeit in der physischen Welt. Der nicht triviale Aspekt betrifft die Frage, wie im Gehirn Zeit repräsentiert wird [4]. Für die Wahrnehmung von Reizen aus der physischen Welt haben wir eigene Organe. Es sind dies die fünf Sinnesorgane: Auge, Ohr, Nase, Mund und Haut für die visuelle, akustische, olfaktorische, gustatorische sowie für die haptische und taktile Wahrnehmung. Aber es gibt kein Sinnesorgan für die Zeitwahrnehmung. Wie nehmen wir Zeit wahr? In jedem Fall brauchen wir dafür Gedächtnis, um das Nacheinander von Ereignissen zu verstehen. Aber welche Vorgänge im Gehirn sind dafür verantwortlich? Die Antwort ist: Es sind Gehirnschwingungen (Gehirnoszillationen, brain oscillations), die die Grundlage der Zeitwahrnehmung und des Gedächtnisses bilden. Der Veranschaulichung von Grundbegriffen, die bei der Untersuchung von Gehirnschwingungen eine zentrale Rolle spielen, dient Abb. 4.1.

Der enge Zusammenhang zwischen Gedächtnis und Zeitwahrnehmung kann am Beispiel schwerer Gedächtnisstörungen gezeigt werden. Für Menschen mit schwerer Demenz verschwimmt der Unterschied zwischen Vergangenheit und Gegenwart, die Erinnerung des zeitlichen Nacheinanders geht weitgehend verloren. Auch der Blick in die Zukunft (was z. B. die Planung oder Erwartung

Schwingungen: Grundbegriffe

Eine Schwingung ist jede Art einer mehr oder minder rhythmischen *Veränderung in der Zeit*, wie z.B. der Herzschlag oder Meereswellen.

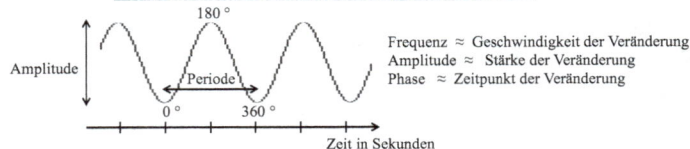

Abb. 4.1 Eine regelmäßige (harmonische) Schwingung ist die Sinus-Schwingung. Sie wird durch drei Größen beschrieben: Frequenz, Amplitude und Phase, die in Winkelgraden angegeben wird. Die Frequenz in Hertz (Hz) ist der Kehrwert der Periodendauer. In unserem Beispiel ist die Periodendauer 2 s, die Frequenz daher 0,5 Hz. Wichtig: Jede komplexe (unregelmäßige) Schwingung kann als Summe (Überlagerung) unterschiedlicher Sinuswellen beschrieben werden

von Ereignissen betrifft) ist kaum mehr möglich. Ohne Gedächtnis gehen Zeitwahrnehmung und Zeitgefühl verloren, das Bewusstsein schwindet.

4.1.1 Gehirnschwingungen, Codierung und Gedächtnis

Die ursächliche (kausale) Bedeutung von Gehirnschwingungen für die Repräsentation von Zeit und Gedächtnisbildung lässt sich gut anhand der Einspeicherung (Codierung) neuer Information dokumenvtieren. Betrachten wir zunächst die Informationsübertragung innerhalb eines Neurons [5]. Sie erfolgt durch elektrische Potenziale. Hereinkommende Aktivierungen werden im Dendritenbaum und im Zellkörper verarbeitet. Ist die Aktivierung stark genug, werden am Übergang zum axonalen Ast Aktionspotenziale (AP) ausgelöst. Das AP ist ein kurzes (ca. 1 ms dauerndes) Signal, das über die Axone zu den synaptischen Verbindungen mit anderen Nervenzellen weitergeleitet wird. Im AP selbst (d. h. in der Stärke des AP) wird keine Information übertragen, es gehorcht dem „alles oder nichts"-Prinzip (es wird ausgelöst oder eben nicht). Der kürzeste zeitliche Abstand zwischen den AP liegt in der Größenordnung von ca. 1 ms. Da das AP selbst ca. 1 ms dauert, ergibt sich eine maximale Frequenz von 500 AP in der Sekunde, was einer Frequenz von 500 Hz entspricht.

Ob Aktionspotenziale ausgelöst werden können, wird stark durch Gehirnschwingungen beeinflusst, die mithilfe elektrischer Ableitungen gemessen werden. Werden die Elektroden direkt in das Gehirn eingesetzt (dies wird nur im Tierversuch oder bei Patienten für selten notwendige neurologische Abklärungen gemacht), erfasst man rhythmische Schwankungen des lokalen Feldpotenzials (LFP). Das LFP ist technisch gesehen dasselbe wie das Elektroenzephalogramm (EEG). Der einzige – aber wichtige – Unterschied ist, dass bei der Ableitung des LFP Elektroden im Gehirn implantiert werden, wohingegen das EEG von Elektroden abgeleitet wird, die außerhalb des Gehirns auf der Kopfhaut angebracht werden. Das LFP erfasst daher lokale und eher kleine elektrische Felder (im direkten Umfeld von Neuronen), das EEG hingegen großflächige Felder, die sich im Kortex ausdehnen [6].

Der Zusammenhang zwischen dem Auftreten von AP und der Phase von Gehirnschwingungen (gemessen über das LFP) ist gut untersucht [7] und in Abb. 4.2 schematisch dargestellt. Das LFP schwankt zwischen stärkerer und schwächerer Erregung oder zwischen stärkerer und schwächerer Hemmung, je nachdem, ob es

Die Wechselwirkung zwischen Neuronen und Gehirnschwingungen

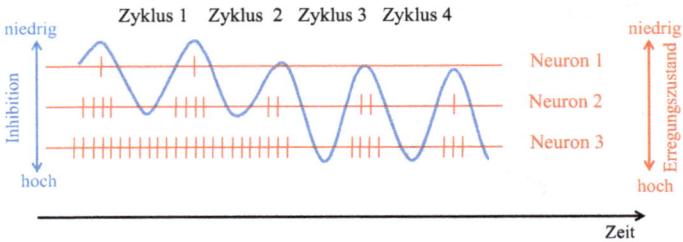

Abb. 4.2 Die Wechselwirkung zwischen einer inhibitorischen Gehirnschwingung (blau) und Neuronen mit unterschiedlich hohem Erregungszustand. Kurze vertikale Striche symbolisieren Aktionspotenziale (AP), horizontale Linien die Zeit. Zu beachten ist, dass zwei Skalen vorliegen, eine für Inhibition der Schwingung (blau) und eine zweite für den Erregungszustand von Neuronen (rot). In Zyklus 1 ist die Schwingung schwach inhibitorisch, sie kann daher das nur schwach erregte Neuron 1 leicht und das mittel stark erregte Neuron 2 mäßig rhythmisch hemmen. Im Gegensatz dazu kann das stark erregte Neuron 3 überhaupt nicht gehemmt werden. In Zyklus 3 und 4 ist die Schwingung stark inhibitorisch (sie hat sich deutlich nach unten bewegt) und kann daher auch Neuron 3 rhythmisch hemmen. Das nur schwach erregte Neuron 1 wird hingegen zur Gänze gehemmt

sich um einen erregenden oder hemmenden Rhythmus handelt. Das Prinzip ist aber immer ähnlich: Das LFP gibt Zeitfenster vor, in denen das Auftreten von AP wahrscheinlich ist, und Zeitfenster, in denen das Auftreten von AP unwahrscheinlich ist oder sogar blockiert wird. Die Stärke des Einflusses auf die Entstehung von AP hängt von der Stärke (Amplitude) des LFP ab, aber auch von der Stärke des Erregungszustandes der Neurone, die vom LFP beeinflusst werden (siehe Abb. 4.2).

Die Codierung von Information erfolgt durch die Variation der zeitlichen Abstände zwischen den AP, wie Abb. 4.3 illustriert. Das Ausmaß der Variation ist

4 Das lebende Gehirn ist 4-dimensional ...

im Wesentlichen abhängig von Schwankungen des Erregungszustandes einzelner Neurone, die im Zuge der Erregungsausbreitung (Aktivierungsausbreitung bzw. der spreading activation) entstehen. Gehirnschwingungen wirken wie ein Taktgeber, der dem Aktivierungsmuster eine rhythmische Struktur gibt, die aus unterschiedlichen Zyklen besteht. Empirische Untersuchungen an Nervenzellen mit implantierten Mikroelektroden zeigen meist eine scheinbar sehr unregelmäßige Abfolge von AP, wie in Abb. 4.3a gezeigt wird. Der erste Eindruck ist, dass die Intervalle zwischen den AP völlig zufällig variieren. Nur durch zusätzliche Berechnungen und die Aufzeichnung des LFP kann man demonstrieren, dass das zeitliche Muster der AP-Abfolge eine Gesetzmäßigkeit aufweist. Die einfachste Methode besteht darin, von mehreren benachbarten Neuronen die Summe der AP zu berechnen (siehe Abb. 4.3b, letzte Zeile). Dann zeigt sich, dass die AP nur in bestimmten Zeitfenstern ausgelöst werden, in anderen jedoch nicht. Leitet man zusätzlich das lokale Feldpotenzial (LFP) aus dem extrazellulären Raum ab, das die Neurone umgibt, erkennt man rhythmische Schwankungen (siehe Abb. 4.3b, erste Zeile), die im Zusammenhang mit dem Auftreten von AP stehen. Sie werden nur dann ausgelöst, wenn das LFP sich in der erregenden (exzitatorischen) bzw. minimal inhibitorischen Phase befindet, die in Abb. 4.3 durch die Spitze des Wellenberges dargestellt ist.

Wichtig ist auch der Hinweis, dass bei einem konstanten Abstand zwischen den AP keine Information übertragen werden kann, wie in Abb. 4.3c und 4.3d demonstriert wird. Eine AP-Abfolge mit z. B. 100 Hz, in der jede 10 ms ein AP ausgelöst wird, weist keine Variabilität auf, die Codierung zulässt. Verschiedene konstante Frequenzen z. B. mit 100 Hz oder 200 Hz können den Erregungszustand der nachgeschalteten

Codierung durch Zeitstruktur: Der Zusammenhang zwischen AP und LFP

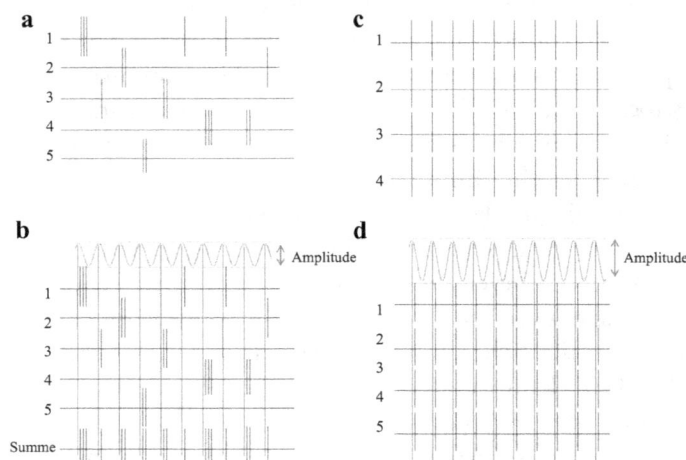

Abb. 4.3 Codierung durch Zeitstruktur: Information wird in den unterschiedlich langen Intervallen zwischen Aktionspotenzialen (AP) codiert. Die kurzen vertikalen Striche symbolisieren die zeitliche Abfolge der AP. In a) und b) sind fünf Neurone dargestellt. Betrachtet man nur Abbildung a), so scheint das zeitliche Muster der Intervalle zwischen den AP zufällig zu variieren. Berechnet man aber die Summe der AP über die fünf Neurone, dann zeigt sich ein klares Muster, wie in der letzten Zeile in b) dargestellt ist. Jedes AP tritt nur in bestimmten Zeitfenstern auf, die für alle fünf Neurone gleich sind. Dahinter steckt, wie in der obersten Zeile in b) dargestellt, der Einfluss einer rhythmischen Potenzialschwankung. Nur in den erregenden (exzitatorischen) Phasen (in den Wellenbergen) der Schwingung können AP ausgelöst werden. In c) ist ein Beispiel dargestellt, in dem zwar jedes Neuron aktiv ist, aber in dem keine Information übertragen werden kann, weil die Abstände zwischen den AP bei allen vier Neuronen konstant sind. Wenn der Einfluss der rhythmischen Potenzialschwankung sehr stark ist – wie in d) durch die große Amplitude der Schwingung angedeutet ist –, verlieren die einzelnen Neurone die Variabilität in der Auslösung von AP, die für Codierung notwendig ist. In diesem Fall wird die Informationsverarbeitung blockiert, obwohl jedes Neuron aktiv ist. Für die Codierung von Information ist daher eine ausgewogene Modulation zwischen Erregung und Hemmung entscheidend

Neurone beeinflussen, aber selbst keine Information übertragen.

Die Codierung neuer Information im Gehirn wurde am Beispiel des Ortsgedächtnisses intensiv untersucht und hat zu weitreichenden Erkenntnissen geführt, die zu den wichtigsten der letzten 50 Jahre zu zählen sind. Die Bedeutung dieser Einschätzung wird auch durch die Vergabe des Nobelpreises in Physiologie/Medizin im Jahr 2014 an John Michael O'Keefe [8] und das norwegische Forscherehepaar May-Britt und Edvard I. Moser [9] unterstrichen. Die offizielle Begründung des Nobelkomitees lautet: „for their discoveries of cells that constitute a positioning system in the brain". Die Untersuchungen wurden an Ratten oder Mäusen durchgeführt. Wie auch beim Menschen, so spielt der Hippocampus (eine evolutiv relativ alte kortikale Region) auch bei Ratten oder Mäusen die wichtigste Rolle für die Einspeicherung neuer Information. Das Untersuchungsparadigma ist einfach. Es besteht darin, dass die Tiere lernen, wo in einem Käfig (der ähnlich wie ein Labyrinth aufgebaut ist) Futter versteckt ist. Von im Hippocampus implantierten Elektroden werden AP und LFP abgeleitet. Man hat dabei festgestellt, dass im Hippocampus eine Art neuronaler Landkarte (kognitive Landkarte oder „cognitive map") des erlernten Labyrinths entsteht [10], die durch spezialisierte Neurone repräsentiert wird. Es werden zwei Arten von Zellen, Platz- und Gitterzellen (place und grid cells), unterschieden. Platzzellen speichern primär topografische Information, Gitterzellen sind spezialisiert, gerichtete Distanzinformation zu codieren [9].

Nehmen wir als einfachstes Beispiel einen rechteckigen und dunklen (d. h. nicht beleuchteten) Käfig, in dem sich die Ratte primär durch ihren Tast- und Geruchssinn orientiert, um ein Stück Futter (das an eine bestimmte Stelle des Käfigs gelegt wird) zu finden und zu fressen (siehe Abb. 4.4a). Diese Versuchsanordnung berücksichtigt, dass Ratten wie Mäuse nachtaktive Tiere sind und obendrein gewohnt sind, sich in den dunklen Gängen ihres Baus zu orientieren. Legt man das Futter immer an die gleiche Stelle und setzt man die Ratte wiederholt immer an dieselbe Stelle in den Käfig, dann findet sie das Futter nach einigen Versuchen auf direktem Weg. Sie läuft in einer geraden Linie auf das Futter zu. Sie hat den Weg zum Futter gelernt und ein Ortsgedächtnis abgebildet. Was passiert dabei im Gehirn? Im Hippocampus haben Platzzellen eine „Landkarte" des Käfigs aufgebaut. Das ist, einfach ausgedrückt, so zu verstehen, dass wie in einem Schachbrettmuster jeder Ort (Quadrat) durch eine Gruppe von Platzzellen repräsentiert wird. Beginnt die Ratte ihre Suche im Käfig an der erlernten Stelle, dann reagieren jene Platzzellen, die diesen Ort repräsentieren. Geht das Tier in die richtige, erlernte Richtung, dann beginnen jene Platzzellen aktiv zu werden, die am erlernten Weg liegen. Würde die Ratte vom erlernten Weg abweichen, würden jene Platzzellen, die diese Orte repräsentieren, nicht reagieren. Der erlernte Weg wird also dadurch erkannt, dass Platzzellen, die einen erlernten Ort repräsentieren, an dem sich das Tier gerade befindet, stark reagieren. Ein Ort, an dem keine Reaktion erfolgt, zeigt den falschen Weg an. Dieses Codierungsprinzip ermöglicht zwar die Auffindung des erlernten Weges durch Versuch und Irrtum, es erlaubt aber weder die Antizipation des richtigen Weges noch das Gedächtnis über die Abfolge der gelernten Orte.

Wie aber weiß die Ratte, in welcher *zeitlichen* Abfolge die verschiedenen Orte liegen? Genau diese Frage hat mit der Repräsentation der Zeit zu tun und die Antwort ist, dass die Codierung der Zeit durch Schwingungen (Oszillationen) erfolgt. Wie Abb. 4.4 zeigt, reagieren die Platzzellen in Abhängigkeit von zwei Faktoren: Die

4 Das lebende Gehirn ist 4-dimensional …

Die Codierung von Information im Ortsgedächtnis

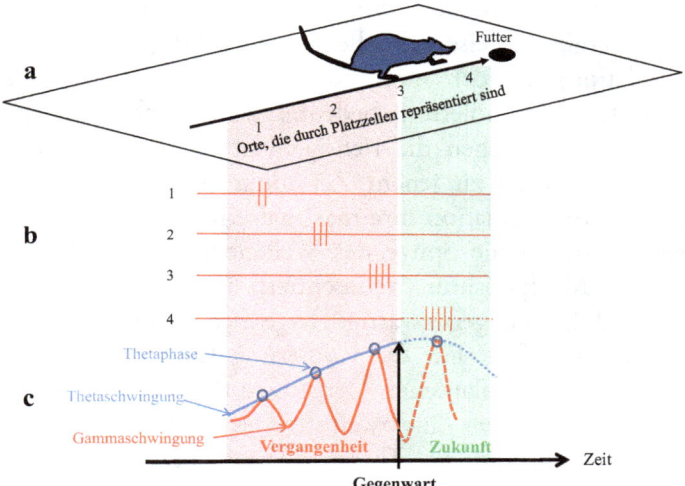

Abb. 4.4 Sehr vereinfachte Darstellung der Ortscodierung im Hippocampus. In a) ist die Versuchsanordnung dargestellt. Eine Ratte oder eine Maus lernt, sich in einem dunklen Käfig zu orientieren. Nach einigen Versuchen findet sie das Futter. Ab jetzt hat sie den Weg gelernt. Er ist durch Platzzellen repräsentiert. Im vorliegenden Beispiel werden vier Platzzellen gezeigt. Die zeitliche Aktivierung der vier Platzzellen ist in b) gezeigt. Jede Zelle reagiert nur zu dem Zeitpunkt, an dem das Tier am betreffenden Ort ist. Der Zeitpunkt der Aktivierung wird dabei durch zwei Schwingungen bestimmt, wie in c) dargestellt ist. Eine schnelle Schwingung (rot eingezeichnet) bestimmt den präzisen Zeitpunkt, an dem AP ausgelöst werden können. Eine langsame Schwingung (blau eingezeichnet) wirkt hemmend (inhibitorisch) und verhindert so, dass die Platzzellen permanent AP auslösen. Wäre dies der Fall, würde das zeitliche Nacheinander der Ortscodierung verloren gehen. Da die Platzzellen zum Ziel hin stärker reagieren (dargestellt durch die Zunahme der Anzahl der AP von Zelle 1 bis 3), muss auch die Inhibition der Thetawelle zunehmen, um das zeitliche Nacheinander der durchlaufenen Orte korrekt wiederzugeben

Ratte muss sich an einem gelernten Ort befinden und dies muss zu einem Zeitpunkt erfolgen, an dem sich eine vergleichsweise schnelle Schwingung (die Gammaoszillation) in der erregenden (exzitatorischen) Phase befindet. Ortscodierung bedeutet daher nicht nur, dass anatomisch gesehen die richtige Platzzelle reagiert. Dies muss zusätzlich zu jenem Zeitpunkt passieren, an dem die Gammaoszillation ihre maximal erregende Phase (dargestellt durch die Spitze des Wellenberges) erreicht hat. Dieser Mechanismus repräsentiert jeweils die Gegenwart, d. h. die gegenwärtige Lage des Tieres an einem bestimmten Ort. Für die Codierung (und das Merken) der bereits durchlaufenen Orte sowie für die Antizipation des Zielortes dient eine zweite (vergleichsweise langsame) Schwingung, die als Thetaoszillation bezeichnet wird. Diese Schwingung wirkt hemmend (siehe dazu auch Abb. 4.2) und bremst die erregende Wirkung der Platzzellen, die in Richtung des Zielortes zunimmt. Die Platzzellen sind durch ein dichtes Netzwerk verbunden. Beim Eintritt in den Käfig würde sich die neuronale Aktivierung immer rascher von einer Platzzelle zur nächsten (in unserem Beispiel von 1 bis 4) ausbreiten. Die beiden Schwingungen, Gamma und Theta, haben die Aufgabe, das neuronale Ausbreitungsmuster zu strukturieren. Durch ihre hemmende Wirkung kann die Thetaschwingung die Geschwindigkeit der Ausbreitung bremsen und bewirken, dass ein regelmäßiges Nacheinander der Platzzellenaktivierung erfolgt, indem die später aktivierten Platzzellen mit ansteigendem Erregungspotenzial auch stärker gehemmt werden, da sie näher dem hemmenden Wellenberg der Thetaschwingung liegen. Oder „technisch" ausgedrückt: Jede Platzzelle wird in einer anderen Phase der Thetaschwingung aktiviert [11]. Durch die unterschiedlichen Phasen wird das zeitliche Nacheinander, aber auch Antizipation codiert.

Da in einem Thetazyklus nur begrenzter Platz für physiologisch differenzierbare Phasenlagen ist, ist auch die Kapazität der Codierungs- und unmittelbaren Merkleistung begrenzt. Die Kapazitätsgrenze liegt in etwa bei sieben verschiedenen Orten, die innerhalb einer Schwingung durch differenzierbare Phasenlagen repräsentiert werden können. Muss ein längerer Weg codiert werden, der z. B. acht Orte umfasst, muss im nächsten Thetazyklus Platz für die Repräsentation dieses Ortes geschaffen werden. Dies wird dadurch erreicht, dass im neuen Zyklus die Phasenlage aller bereits codierten Orte nach „links" (also in Richtung einer früheren Phase) verschoben wird. Dieser Vorgang ist als „phase precession" bekannt [12]. Dadurch verlässt die Repräsentation von Ort 1 den neuen Zyklus, was bedeutet, dass die Repräsentation dieses Ortes verloren geht. Ort 1 wird vergessen, sofern seine Repräsentation nicht in einen anderen Speicher (z. B. in das Langzeitgedächtnis) überführt wird.

4.1.2 Die funktionelle Bedeutung von Gehirnschwingungen: Das EEG

Die Untersuchung des lokalen Feldpotenzials (LFP) im menschlichen Gehirn ist eine invasive Methode und darf daher nur bei entsprechender medizinischer Indikation werden. Die Ableitung von Gehirnströmen mithilfe des Elektroenzephalogramms (EEG) hingegen ist nicht invasiv und sehr einfach durchführbar, weil die Elektroden direkt über der Kopfhaut (mithilfe einer leitenden Paste) angebracht werden können. Das EEG wird seit ca. 100 Jahren zur Erforschung von Gehirnfunktionen verwendet [13]. Die Anzahl an publizierten Studien ist inzwischen nahezu unüberschaubar geworden. Moderne EEG-Geräte verwenden eine sehr große Anzahl von Elektroden und erlauben eine sehr genaue Erfassung der Gehirnströme. Hochleistungscomputer verwenden komplexe Auswertungssoftware, die nahezu jeden denkbaren Analyseschritt ermöglicht.

Man war lange Zeit der Ansicht, dass Hirnströme, die mit dem EEG abgeleitet werden, nur zufällige „Hintergrundaktivität" sind, die keine funktionelle Bedeutung haben. Der Grund für diese Auffassung war, dass die aufgezeichneten EEG-Kurven strukturlos und chaotisch erschienen. Um trotzdem diese einfach anzuwendende Methode sinnvoll nutzen zu können, griff man zu einem Trick: Man verwendete nicht die unmittelbaren Aufzeichnungen des EEGs, sondern erst das Ergebnis vieler Mittelungen, die man aus den gemachten Aufzeichnungen berechnet hat. Folgendes Beispiel soll zur Veranschaulichung dienen. Man bietet einer Versuchsperson einen einfachen Reiz (z. B. einen Lichtblitz oder kurzen Signalton) sehr oft, z. B. 100-mal, in Abständen von z. B. 4 s dar. Das aufgezeichnete EEG wird in einem Computer gespeichert und in 4 s-Segmente zerlegt. Diese Segmente werden so gemittelt, dass der Einfluss des dargebotenen Reizes immer zum selben Zeitpunkt, z. B. genau am Beginn der 2. Sekunde (bei 2000 ms des 4000 ms langen Segmentes), beobachtet werden kann. Die Idee ist, dass durch die Mittelung der Segmente die (vermeintlich) zufällige Hintergrundaktivität – statistisch gesehen – wegfällt („herausgemittelt" wird) und nur die unmittelbare Hirnstromreaktion auf den Reiz übrig bleibt. Die mit dieser Methode erfasste Hirnstromaktivität wird evoziertes Potenzial (EP), ereigniskorreliertes Potenzial (EKP) oder im Englischen event related potential (ERP) genannt [14].

Inzwischen weiß man, dass das EEG nicht das Ergebnis zufälliger oder chaotischer „Hintergrundaktivität" ist. Es erscheint nur deswegen so chaotisch, weil sich unzählige

Schwingungen mit unterschiedlichsten Frequenzen überlagern, die obendrein bei der Darbietung eines Reizes oder der Durchführung einer kognitiven Aufgabe unterschiedlich und teilweise auch entgegengesetzt reagieren. Ein Beispiel: Wird einer Versuchsperson ein Wort dargeboten, das sie sich merken soll, reagiert die Thetaoszillation (eine Schwingung mit einer Frequenz um 5 Hz) mit einer Zunahme der Amplitude, die Alphaoszillation (eine Schwingung mit einer Frequenz um 10 Hz) aber mit einer Abnahme der Amplitude. Die Feststellung der unterschiedlichen Reaktivität verschiedener Frequenzen ist jedoch nur dann möglich, wenn das EEG frequenzanalysiert wird. Dies kann nur mithilfe von Computersoftware gemacht werden, die das EEG mit geeigneten mathematischen Methoden (z. B. der Fourier- oder Wavelet-Analyse) in verschiedene Frequenzen zerlegt, die in ihrer Summe wieder das ursprüngliche EEG ergeben. Ein Beispiel ist in Abb. 4.5 dargestellt.

Im menschlichen EEG werden traditionell fünf Frequenzbereiche (Frequenzbänder) mit folgenden Mittenfrequenzen unterschieden: 2,5, 5, 10, 20 und 40 Hz. Diese Frequenzen werden (in obiger Reihenfolge) mit griechischen Buchstaben bezeichnet: Delta, Theta, Alpha, Beta und Gamma. Die Reihenfolge der Buchstaben scheint willkürlich gewählt zu sein, weil sie nicht den Frequenzanstieg widerspiegelt. Sie bezieht sich vielmehr auf die relative Dominanz der Frequenzen, die mit freiem Auge im EEG beobachtet werden können. Demnach ist Alpha (als erster Buchstabe im Alphabet) die am stärksten ausgeprägte Frequenz, eine Tatsache, die auch durch moderne Frequenzanalysen bestätigt wird.

Eine der großen Fragen ist, ob diesen unterschiedlichen Frequenzen auch unterschiedliche Bedeutung zukommt [15]. Dazu gibt es zum Teil unterschiedliche Auffassungen, aber die folgenden drei Ergebnisse

Die Frequenzzerlegung komplexer Signale

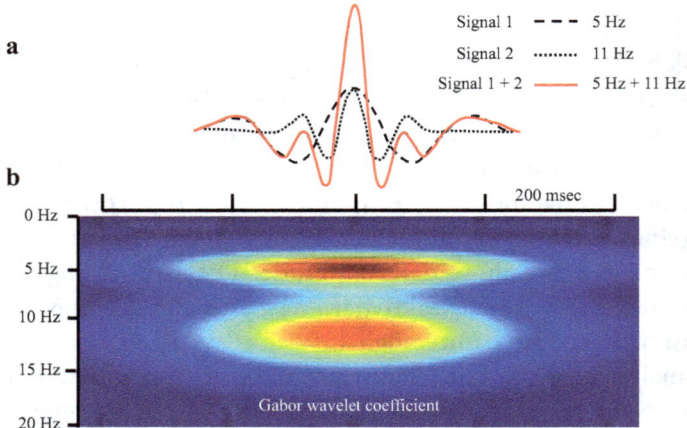

Abb. 4.5 Am Beispiel der Gabor-Wavelet-Analyse lässt sich das Prinzip der Frequenzzerlegung illustrieren. In a) sind zwei Signale, eines mit 5 Hz (strichliert) und ein anderes mit 11 Hz (punktiert), dargestellt. Die rot gezeichnete Wellenlinie ist die mathematische Summe der beiden Signale. Die Zeit-Frequenz-Amplitudendarstellung (in Farbe) in b) zeigt das Ergebnis der Frequenzzerlegung für das rote Signal. Deutlich sind die beiden Frequenzkomponenten mit 5 Hz und 11 Hz zu sehen, deren Amplitudenstärke farbcodiert ist (je dunkler das Rot, desto größer die Amplitude)

haben sich relativ gut bestätigen lassen: Thetafrequenzen spielen eine wichtige Rolle für das Einspeichern und Merken neuer Information, wohingegen Alphafrequenzen den Zugriff auf gespeichertes Wissen ermöglichen [16]. Beide kognitiven Funktionen sind fundamentale Leistungen des menschlichen Gehirns und des Kortex im Besonderen. Unser Wachbewusstsein setzt beide Leistungen voraus: Über die Wahrnehmung wird permanent neue Information aufgenommen und vor dem Hintergrund unseres gespeicherten Wissens bewertet. Das dritte Ergebnis betrifft den kausalen Zusammenhang der beschriebenen Funktionen. Ohne Theta gibt es keine Einspeicherung neuer Informationen und ohne Alpha gibt es keinen Zugriff auf gespeichertes Wissen [17].

Die funktionellen Eigenschaften der Alphaoszillationen sind gut untersucht. Eine Besonderheit dieser Oszillation ist es, dass kurz vor der Durchführung einer Aufgabe die Amplituden zunehmen. Während der Durchführung einer Aufgabe werden die Amplituden zunehmend schwächer. Die meisten der anderen Frequenzen reagieren umgekehrt, sie nehmen in ihrer Amplitude zu, wenn eine Aufgabe durchgeführt werden muss. Diese zunächst seltsam anmutende Eigenart des Alphas erscheint jedoch sehr plausibel, wenn man von einer hemmend wirkenden Oszillation ausgeht. Vor der Durchführung eine Aufgabe soll sich die Versuchsperson konzentrieren und sich nicht ablenken lassen. Die hohen Alphaamplituden scheinen genau diese Funktion zu haben: Eine Versuchsperson, die sich vor der Durchführung einer Aufgabe nicht ablenken lässt, zeigt starke Alphaaktivität, die irrelevante und störende Gedanken unterdrückt. Während der Durchführung der Aufgabe müssen die Amplituden zurückgehen, weil unter inhibitorischem Einfluss die Durchführung einer Aufgabe nicht möglich wäre. Diese aufgabenabhängige Alphaunterdrückung ist gut dokumentiert und wird allgemein als ereignisbezogene Alphadesynchronisation (Event Related Desynchronization oder ERD) bezeichnet [18]. Eine Reihe von Experimenten hat gezeigt, dass Menschen mit sehr guter Gedächtnisleistung vor der Durchführung einer Gedächtnisaufgabe besonders starke Amplituden zeigen, die dann während der Aufgabe nahezu völlig verschwinden. Versuchspersonen, die ein weniger gutes Gedächtnis haben, zeigen diese Reaktivität nicht. Sie haben nur schwach ausgeprägte Amplituden unmittelbar vor der Aufgabe, die dann während der Aufgabe kaum schwächer werden. Ihre ERD ist daher deutlich schwächer als die der Menschen mit guter Gedächtnisleistung.

Der kausale Zusammenhang zwischen Alpha und dem Zugriff auf gespeichertes Wissen kann anhand einer Gehirnstimulierungsuntersuchung illustriert werden [19], die auf den beschriebenen Ergebnissen aufbaut. Der Grundgedanke ist folgender: Wenn man die Alphaschwingung einer Versuchsperson künstlich in einer Weise verschieben könnte, wie man sie bei Personen mit guter Gedächtnisleistung beobachtet, müsste man auch die Gedächtnisleistung verbessern können, wenn der Zusammenhang zwischen Alpha und Gedächtnisleistung kausal ist. Demnach müsste man in einem Zeitintervall vor der Aufgabe die Alphaoszillation so anregen, dass sie bei Beginn der Aufgabe in ihrer Amplitude stark abfallen kann. Diese künstliche Beeinflussung kann man z. B. durch rhythmische Magnetimpulse (repetitive Transcranial Magnetic Stimulation oder rTMS) erreichen. Da die Alphafrequenz für jede Versuchsperson unterschiedlich ist (sie schwankt bei Erwachsenen zwischen ca. 9–12 Hz), musste in einem Vorversuch die individuelle Alphafrequenz (Individual Alpha Frequency, IAF) für jede Versuchsperson bestimmt werden. Das Ziel der Versuchsanordnung war es daher, die Alphaaktivität vor einer Aufgabe in der IAF anzuregen. Dazu gab es zwei Kontrollbedingungen: rTMS mit einer konstanten Frequenz von 20 Hz und eine Bedingung mit rTMS in der IAF, die jedoch nur die Kopfhaut stimuliert und nicht ins Gehirn eindringt. Das Ergebnis war eindeutig: Die Gedächtnisleistung der Versuchspersonen konnte mit rTMS tatsächlich verbessert werden, aber nur dann, wenn man die individuelle Alphafrequenz zur Stimulation verwendet. Den Versuchspersonen wurde über einen Bildschirm eine Serie von Bildern gezeigt, auf denen jeweils sechs Würfel abgebildet waren. Ein Würfel (der mit einer quadratischen Umrahmung gekennzeichnet war), war immer identisch mit einem der anderen fünf Würfel. Dies konnte jedoch nur durch mentale Rotation (Drehung) des gekennzeichneten Würfels geprüft bzw. festgestellt werden. Diese schwierige Aufgabe benötigt große Konzentration und erfordert den Zugriff auf prozedurales Wissen (über die mentale Rotation von Gegenständen), das im Langzeitgedächtnis gespeichert ist. Die Interpretation der Ergebnisse ist, dass die Anregung der individuellen Alphafrequenz durch rTMS eine bessere Konzentration ermöglicht, weil die verstärkte Alphaaktivität als hemmender Filter wirkt, der durch die Ausblendung ablenkender Gedanken (oder Wahrnehmungen) eine bessere Fokussierung auf die kommende Aufgabe ermöglicht.

4.1.3 Neuronale Netzwerke und Schwingungen

Es besteht kein Zweifel, das Gehirn erzeugt mithilfe von Schwingungen seine eigene Zeit. Es verwendet sie, um den neuronalen Signalen Struktur zu geben, in der Information repräsentiert ist. Gehirnschwingungen sind daher ein wesentlicher Bestandteil der Informationsverarbeitung im Gehirn.

Eine der in diesem Zusammenhang offenen Fragen ist, wie Gehirnschwingungen entstehen. Man hat oft die Vermutung diskutiert, dass Schrittmacherzellen (ähnlich wie im Herz) verantwortlich für die Erzeugung von Gehirnschwingungen sind. Aber diese Vermutung hat sich – zumindest was die Gehirnrinde betrifft – nicht bestätigen lassen. Generell lässt sich sagen, dass Schwingungen sehr leicht dann entstehen, wenn es Rückkopplungen gibt. Im Gehirn gibt es ein Verschaltungsprinzip, das reziproke

Vernetzung [20] bevorzugt: Wenn eine Region „A" Verschaltungen (axonale Verbindungen) in eine andere Region „B" aufweist, dann gibt es mit sehr hoher Wahrscheinlichkeit auch Verschaltungen in die „Gegenrichtung", d. h. von „B" nach „A". Eine der wenigen Ausnahmen von diesem Prinzip befindet sich im vorderen Teil der Sehbahn, die vom Auge weggeht. Von der Retina in den Thalamus gibt es nur Verbindungen in dieser Richtung,

Das Prinzip der reziproken Verschaltung kann in neuronalen Netzen sehr leicht zur Entstehung von Schwingungen führen, wenn die neuronale Aktivierung synchronisiert wird. Synchron bedeutet, dass Aktivierungen zeitlich abgestimmt erfolgen. In Abb. 4.6 ist ein einfaches Beispiel dargestellt, in dem Synchronisation durch reziproke Verbindungen (Schleifen mit in etwa gleicher Länge) und durch den Einfluss einer hemmenden Verschaltung hergestellt wird. Eine exzitatorische Zelle (in Abb. 4.6 als rotes Dreieck dargestellt) ist mit einer inhibitorischen Zelle (symbolisiert durch einen blauen Kreis) verbunden. Wenn die exzitatorische Zelle (durch einen afferenten Input) aktiviert wird, passieren zwei Dinge: Aktivierung breitet sich weiter im Netzwerk aus, und mit einer bestimmten Verzögerung (weil ja auch die Aktivierung der inhibitorischen Zelle Zeit braucht) wird die exzitatorische Zelle durch die inhibitorische Zelle gehemmt. In den beiden Beispielen von Abb. 4.6 sind die Zeitdauer der Aktivierung (des Durchlaufens) einer reziproken Verbindung (loop time) und die Zeitdauer der Verzögerung (delay), mit der die Hemmung die exzitatorische Zelle trifft, genau aufeinander abgestimmt. Im linken Teil des Netzwerkes beträgt die loop time 100 ms und der delay 50 ms. Das bedeutet, dass nach 50 ms die exzitatorische Zelle gehemmt wird, zu einem Zeitpunkt, an dem die

4 Das lebende Gehirn ist 4-dimensional ...

Die rhythmische Aktivierung von Netzwerken

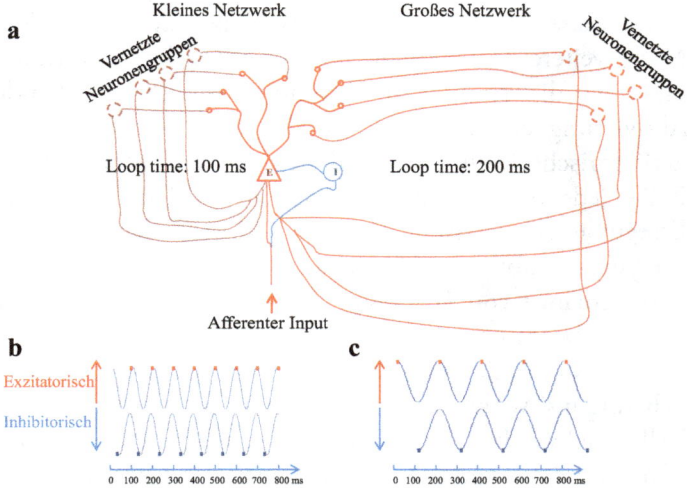

Abb. 4.6 Neuronale Netze und Frequenzen. In a) ist eine exzitatorische Zelle (rotes Dreieck) dargestellt, die über ihren Dendritenbaum mit einem großen und einem kleinen Netzwerk durch Schleifen (loops) mit jeweils gleicher (oder ähnlicher) Schleifenlänge verbunden ist. Im kleinen Netzwerk beträgt die Zeit eines Signals, das über axonale Äste zurückkommt, 100 ms, im großen sind es 200 ms. Diese Zeiten werden als Schleifenzeiten (loop times) bezeichnet. Eine inhibitorische Zelle (blauer Kreis) hat die Eigenschaft, dass sie mit einer bestimmten Verzögerung (delay) die exzitatorische Zelle hemmt, nachdem diese aktiviert wurde. In Beispiel b) beträgt die Verzögerung 50 ms, d. h., 50 ms, nachdem die exzitatorische Zelle aktiviert wurde, wird sie durch die inhibitorische Zelle gehemmt. Weitere 50 ms später (also nach 100 ms) kommt die Aktivierung über reziproke Verbindungen zurück. Die exzitatorische Zelle ist jetzt maximal erregt, die inhibitorische Zelle ist minimal hemmend. Dadurch kommt es zu einer Taktung, in der alle 100 ms Aktivierung durch die Schleife fließen kann. Es entsteht eine Schwingung mit einer Periodenlänge von 100 ms bzw. 0,1 s, was einer Frequenz von 10 Hz entspricht. In Beispiel c) passiert genau dasselbe, nur mit einer Schwingung, die um die Hälfte langsamer ist, weil das Netzwerk doppelt so groß und die loop time doppelt so lang ist. Dies allerdings nur dann, wenn die inhibitorische Zelle jetzt mit einer Verzögerung von 100 ms reagiert (und nicht mit 50 ms, wie in Beispiel b). Dies bedeutet, dass Netzwerkgröße, loop time und delay der Inhibition aufeinander abgestimmt sein müssen, damit eine Schwingung entsteht

sich ausbreitende Aktivierung die Mitte der Netzwerkschleife erreicht hat. Durch die Hemmung kann jetzt keine weitere Aktivierung in das Netzwerk nachfließen. Nach weiteren 50 ms wird die exzitatorische Zelle durch die über die reziproken Verbindungen zurückfließende Aktivierung erneut erregt. Zu diesem Zeitpunkt ist die exzitatorische Zelle maximal erregt, die inhibitorische Zelle jedoch minimal aktiv, weshalb sich ein neuer Erregungszyklus ausbreiten kann. Wiederholt sich dieser Vorgang, dann entsteht eine Schwingung mit einer Periodenlänge von 100 ms bzw. 0,1 s, was einer Frequenz von 10 Hz entspricht.

Die durch die beschriebenen Eigenschaften erzeugte Schwingung wirkt wie ein Filter. Die der exzitatorischen Zelle nachgeschalteten Netzwerke können sehr komplex sein und viele unterschiedliche Schleifenlängen umfassen. Aktivierungen von diesen Schleifen würden aber – wegen ihrer unterschiedlichen Längen zu unterschiedlichen Zeiten – also nicht synchronisiert – eintreffen. Sie würden nicht in dem kritischen Zeitfenster eintreffen, in dem die exzitatorische Zelle maximal erregt, die inhibitorische Zelle jedoch minimal aktiv ist. Abb. 4.6 zeigt nur die „bevorzugten" Schleifen gleicher Länge, andere Schleifen und ihre Vernetzungen sind der Einfachheit halber ausgeblendet. Deshalb dürfen die in Abb. 4.6 gezeigten Verbindungen nicht als terminale Verbindungen (fehl) interpretiert werden.

Netzwerksynchronisation durch Schwingungen spielt auch im Aufbau neuer neuronaler Verbindungen eine große Rolle. Es gibt in den Neurowissenschaften Konsens darüber, dass Neurone, die direkt miteinander vernetzt sind, auch gemeinsam aktiv werden. Das Prinzip heißt „Neurons that fire together, wire together" und umgekehrt „Neurons that wire together, fire together". Oder anders ausgedrückt: Miteinander verbundene Neurone arbeiten synchronisiert. Es ist seit Langem vermutet worden, dass die synchrone Erregung von Neuronen zu neuronalem Wachstum anregt, das synaptische Verbindungen und die Vernetzung zwischen den betroffenen Neuronen stärkt. Diese als „Hebb Regel" bekannte Hypothese ist inzwischen gut bestätigt [21]. Die Konsequenz ist, dass Netzwerkanatomie und Gehirnschwingungen in Wechselwirkung stehen. Eine Schwingung mit einer bestimmten Frequenz erregt reziproke Netzwerkschleifen mit einer bestimmten (auf die loop time abgestimmten) Periodenlänge. Dies wiederum führt zu neuronalem Wachstum, das selektiv jene Netzwerkteile stärkt, die von dieser Frequenz synchron erregt werden können.

Arbeiten von Robert Miller [22] haben gezeigt, dass die beschriebenen Zusammenhänge zwischen Netzwerkgröße, loop time und Frequenz für Verschaltungen zutreffen, die den Hippocampus mit dem Kortex verbinden. Es handelt sich um hippocampo-kortikale Schleifen mit einer loop time um 200 ms, die mit einer Thetafrequenz von ca. 5 Hz schwingen.

4.2 Die Zauberwörter: Synchronisation und Desynchronisation

Synchronisation (Sync) und der entgegengesetzte Vorgang Desynchronisation (DeSync) sind *die* Schlüsselbegriffe zum Verständnis der zeitlichen Organisation neuronaler Prozesse. Diese Begriffe haben in der Gehirnforschung viele verschiedene Bedeutungen, von denen nur die wichtigsten kurz erwähnt werden sollen. Zu den ältesten gehört der Begriff der Alphadesynchronisation. Gemeint ist die Abnahme der Alphaamplitude im EEG, verursacht (vermutlich) durch Millionen von Neuronen, die in ihrer Phase nicht mehr zeitgleich (= synchron) arbeiten. Dadurch können sich die vielen verschiedenen Alphaschwingungen nicht mehr zu einer großen Welle im EEG aufaddieren, wie dies im Zustand der Alphasynchronisation möglich ist. In diesem Beispiel hat Sync die Bedeutung von Vorgängen (hier der Phase), die zeitgleich passieren. Es liegt aber in der Natur neuronaler Netzwerkaktivierung, dass es eine Unzahl von Aktivierungsprozessen gibt, die nacheinander ablaufen. Sind diese in bestimmter Weise aufeinander abgestimmt, spricht man ebenfalls von Sync. Ein Beispiel haben wir im Rahmen von Abb. 4.6 besprochen, in dem die loop time auf den delay der inhibitorischen Zelle (bzw. umgekehrt) abgestimmt sein muss. Ein anderes Beispiel ist die nacheinander erfolgende Aktivierung von Netzwerken in zwei verschiedenen Gehirnregionen. Mit geeigneten Methoden (z. B. der Kreuzkorrelation; cross correlation) lässt sich berechnen, ob es einen (mehr oder minder) konstanten zeitlichen Abstand (delay) in der Aktivierung beider Regionen gibt und in welche Richtung der Informationsfluss geht. Bei konstantem delay spricht man ebenfalls von Sync und meint dabei die zeitliche Koordination des nacheinander Aktivierens. Denkt man an die unglaubliche Vielfalt an neuronalen Netzwerken, die es im Gehirn gibt, dann stellt sich natürlich die Frage, wie koordinierte Aktivierung *zwischen* Netzwerken, die mit den gleichen oder *unterschiedlichen Frequenzen* arbeiten, möglich ist.

Eine unerwartete Antwort auf diese Frage steckt in der Mathematik von Schwingungen. Das klingt nicht nur kompliziert, es ist tatsächlich sehr kompliziert, die ersten Schritte aber sind zunächst einfach. Die spezifische Frage ist, wie sich die Phasen von Oszillationen mit gleicher und unterschiedlicher Frequenz beeinflussen [23]. Betrachten wir der Einfachheit halber immer harmonische

4 Das lebende Gehirn ist 4-dimensional ...

Oszillationen (Sinusschwingungen), bei denen zum ersten Betrachtungszeitpunkt (dem Zeitpunkt „Null") die Phasen gleich (d. h. sync) sind. Zwei Sinusschwingungen mit der gleichen Frequenz werden sich aufaddieren. Verschiebt man aber die Phase um 180°, dann löschen sich beide Schwingungen aus.

Auch Schwingungen mit unterschiedlicher Frequenz können sich aufaddieren (sync), allerdings nur dann, wenn ihre Frequenzen so aufeinander abgestimmt sind, dass die Periodenlänge einer Schwingung immer im ganzzahligen Verhältnis zur anderen steht. Oder anders ausgedrückt, wenn die Frequenz der schnelleren Schwingung immer im ganzzahligen Verhältnis (doppelt, dreifach etc.) schneller ist als die langsame. Bei ganzzahligen Frequenzverhältnissen kommt es nur in bestimmten Phasenlagen zur Sync. Ist die Frequenzrelation z. B. 1:2, dann sind nach dem Zeitpunkt Null die Phasen erst wieder bei 360° der langsameren Schwingung in Sync.

Was passiert aber, wenn Frequenzen zufällig variieren, wenn ihre Frequenzrelation also nicht ganzzahlig ist? Die Antwort ist: Die Phasen werden in zufälligen (unregelmäßigen) zeitlichen Abständen gleich ausgerichtet (sync), aber meistens unterschiedlich ausgerichtet (desync) sein. Das nahezu Unglaubliche ist, dass es eine Frequenzrelation (r) gibt, die so „zufällig" (unregelmäßig) ist, dass sich die Phasen zweier Schwingungen in aller Zukunft nie mehr wieder ausrichten bzw. treffen werden, sondern für immer „unausgerichtet" (desync) bleiben. Dieses Frequenzverhältnis ist eine besondere irrationale Zahl, die als Goldener Schnitt (golden mean, g) bekannt ist: $r = g$. Diese Zahl ist $g = 1{,}618 \ldots$ mit unendlich vielen Kommastellen. Interessant in diesem Zusammenhang ist, dass eine irrationale Zahl nicht durch einen Bruch ganzer Zahlen dargestellt werden kann. Dies ist unmittelbar verständlich, weil Schwingungen mit ganzzahligen Frequenzen im Abstand von 1 s in Sync sein müssen, wenn man ihre Phasen zum Zeitpunkt Null ausrichtet. Dies deswegen, weil die Periode p von Schwingungen mit ganzzahligen Frequenzen immer ein ganzzahliges Vielfaches von 1 s sein muss. Ein Beispiel: Eine Frequenz von 4 Hz hat eine Periode von 250 ms und eine mit 7 Hz hat eine Periode von 0,143 ms. Die 4 Hz-Schwingung hat nach 4 Zyklen den Zeitpunkt 1000 ms erreicht und die 7 Hz-Schwingung hat denselben Zeitpunkt nach 7 Zyklen erreicht (p = 250 * 4 = 1 s; p = 0,143 * 7 = 1 s). Zu diesem Zeitpunkt sind beide Schwingungen in Sync.

4.3 Die seltsamen Eigenschaften von Schwingungen

Schwingungen sind etwas sehr Abstraktes. Sie können in einigen Fällen zwar sehr konkrete Erscheinungen sein, bei genauer Betrachtung versagt aber meist eine anschauliche Beschreibung. Wir alle kennen das Bild von sich ringförmig ausbreitenden Wellen, wenn ein Stein ins Wasser geworfen wird. Wir denken aber kaum daran, dass Wellen dadurch entstehen, dass eine Schwingung Wassermoleküle in eine vertikale Bewegung versetzt (sie auf und ab „tanzen" lässt) und dass das, was sich ausbreitet, nicht das Wasser selbst, sondern die Schwingung ist. Die Energie des Steinwurfes verwandelt sich im Wasser in eine sich ausbreitende Welle, die langsam durch den Widerstand des Wassers wieder abgebremst wird.

Schwingungen sind ubiquitär. Man findet sie überall, in der Mikrowelt, z. B. in Form von Lichtwellen, ebenso wie in der Makrowelt, z. B. in Form von Planetenbewegungen, aber auch, wie soeben beschrieben, im Gehirn. Unser Gang ist eine komplexe Pendelbewegung aus mindestens acht Oszillatoren, den beiden Beinen, Armen, der linken und rechten Schulter sowie des linken und rechten Beckens.

Schwingungen haben eine dynamische Struktur. Sie bestehen aus Zyklen, die sich regelmäßig wiederholen. Deswegen sind sie auch vorhersagbar und verbinden so Gegenwart mit Zukunft. Durch die Verschachtelung von Schwingungen lässt sich Zeit messen. Wir messen Zeit in Sekunden, Minuten, Stunden, Tagen und Jahren. Es handelt sich dabei um eine hierarchische Verschachtelung von kurzen Zyklen in immer längeren Zyklen. Sekunden sind in Minuten, Minuten in Stunden, Stunden in Tagen und Tage sind in Jahren verschachtelt.

Ohne Zeit sind Schwingungen nicht vorstellbar. Ihre Natur *ist* die Zeit. Im Gehirn repräsentieren sie Zeit und bilden so die Grundlage für Denken und Bewusstsein.

Wenn mehrere Schwingungen gleichzeitig auftreten, kommt es zu komplexen Wechselwirkungen [24]. Sie können sich z. B. auslöschen, verstärken und synchronisieren. Ein berühmtes Beispiel für Synchronisation geht auf eine Beobachtung zurück, die der holländische Physiker Christiaan Huygens im Jahr 1665 gemacht hat. Er sah, dass sich die Pendel von zwei nebeneinander auf einer Wand aufgehängten Uhren nach ca. einer halben Stunde synchronisiert haben (siehe Abb. 4.7). Stoppte man ein Pendel und ließ es dann in beliebiger Phase – relativ zum anderen Pendel – weiterlaufen, so stellte sich bald wieder Synchronisation ein. Schwache Rückkopplung z. B. über geringfügige Vibrationen, die sich über die Wand ausbreiten, reicht aus, um zwei ähnliche Oszillatoren zu synchronisieren. Mathematiker haben inzwischen beweisen können, dass sich verschiedene Oszillatoren (mit ähnlichen physischen Eigenschaften) synchronisieren *müssen* [24]. Sync scheint demnach ein Naturgesetz zu sein. Interessant in diesem

Physisch ähnliche Oszillatoren synchronisieren sich

a 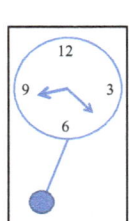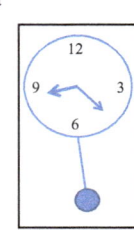 b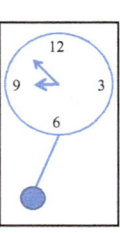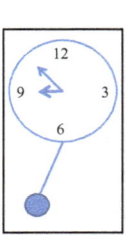

Abb. 4.7 Das berühmte Beispiel sich selbst synchronisierender Penduluhren geht auf den holländischen Physiker Christiaan Huygens zurück, der im 17. Jahrhundert gelebt hat. Hängt man zwei Uhren nebeneinander an die Wand und lässt man ihre Pendel in unterschiedlicher Phase los, wie in a) illustriert ist, dann dauert es ca. eine halbe Stunde, bis die Pendel sich in der Phase synchronisiert haben (siehe b)

Zusammenhang ist z. B. die Beobachtung, dass sich die Perioden junger Frauen synchronisieren, wenn sie für längere Zeit in einer Gruppe zusammenwohnen (wie z. B. in einem Pensionat). Ein anderes bekanntes Beispiel ist die Synchronisation von tropischen Leuchtkäfern, die bei Einbruch der Nacht periodische Blinksignale abgeben. Ein weiteres Beispiel ist das periodische Klatschen, das sich bei länger anhaltendem Applaus eines großen Publikums einstellt.

4.4 Literatur mit Kurzkommentaren zu Kap. 4

[1] Lehrbücher zur Gehirnanatomie gibt es viele. Wenige Forscher haben sich mit diesem Thema in jüngerer Zeit so intensiv beschäftigt wie Rudolf Nieuwenhuys.

Nieuwenhuys, R., Voogd, J., & van Huijzen, C. (1988). The Human Central Nervous System. Springer, Berlin. ISBN 0-387-13441-7

[2] In nahezu allen neurowissenschaftlichen Arbeiten wird (meist implizit) von der Unabhängigkeit von Ort (Raum) und Zeit ausgegangen. Eine wichtige Ausnahme sind Arbeiten zu kortikalen Wanderwellen (travelling waves) von David Alexander, der auf diese überraschende wie problematische Tatsache hingewiesen hat.

Alexander, D. M., Trengove, C., & van Leeuwen, C. (2015). Donders is dead: cortical traveling waves and the limits of mental chronometry in cognitive neuroscience. Cogn Process. Published at Springerlink.com, https://doi.org/10.1007/s10339-015-0662-4

[3] Wanderwellen (travelling waves) sind im menschlichen EEG gut dokumentiert. Hier eine Auswahl an Arbeiten:

Bahramisharif, A., van Gerven, M. A., Aarnoutse, E. J., Mercier, M. R., Schwartz, T. H., Foxe, J. J., Ramsey, F., & Jensen, O. (2013). Propagating neocortical gamma bursts are coordinated by traveling alpha waves. The Journal of neuroscience, 33(48), 18849–18854.

Goldman, S., Santelmann, W. F., Vivian, W. E., & Goldman, D. (1949). Traveling waves in the brain. Science, 109, 524–524.

Klimesch, W., Hanslmayr, S., Sauseng, P., Gruber, W., & Doppelmayr, M. (2007). P1 and traveling alpha waves: Evidence for evoked oscillations. Journal of Neurophysiology, 97, 1311–1318.

Silberstein, R. B., Burkitt, G. R., Cadusch, P. J., Wood, A. W., 2000. Steady-state visual evoked potentials and traveling waves. Clin. Neurophysiol. 111, 246–258.

[4] Hier drei Überblicksarbeiten zum Thema Gehirn und Zeit:
Buonomano, D. (2017). Your brain is a time machine: The neuroscience and physics of time. WW Norton & Company, New York. ISBN 978-0393-24794-7
Cohen, M. X. (2011). It's about time. Frontiers in human neuroscience, 5, 2. https://doi.org/10.3389/fnhum.2011.00002
Miller, R. (2000). Time and the Brain. Routledge, Taylor & Francis Group, London. ISBN 9789058230607

[5] Die Grundlagen der neuronalen Signalbildung und Übertragung werden in den meisten Lehrbüchern der Neurowissenschaften oder Biologischen Psychologie beschrieben. Hier sind zwei Beispiele:
Kap. 1–6 in: Birbaumer, N., & Schmidt, R. F. (2010). Biologische Psychologie. Springer, Heidelberg.
Kap. 2–4 in: Bear, M. F., Connors, B. W., & Paradiso, M. A. (2009). Neurowissenschaften. Ein grundlegendes Lehrbuch für Biologie, Medizin und Psychologie. Spektrum Verlag, Heidelberg. ISBN 978–3-8274–2028-2

[6] *Das* klassische Lehrbuch über die Grundlagen und Anwendungen des EEGs wurde von Ernst Niedermeyer und Fernando Lopes da Silva herausgegeben:
Niedermeyer, E., & da Silva, F. L. (Eds.) (2005). Electroencephalography: basic principles, clinical applications, and related fields. Lippincott Williams & Wilkins: Baltimore.

[7] Der Zusammenhang zwischen dem Auftreten von AP und der Phase des LFP wird durch den Begriff „spike field coherence" beschrieben. „Spike" steht für AP und „field" für Feld-Potential (bzw. lokales Feld-Potential, LFP). Es gibt sehr viele Arbeiten zu diesem Thema. Hier ein jüngeres Review von György Buzsáki und Kollegen, alle führende Forscher auf diesem Gebiet. Diese Arbeit gibt auch einen guten Einblick in die Biophysik elektrischer Felder und ihrer Entstehung.
Buzsáki G., Anastassiou, C. A., & Koch, C. (2016). The origin of extracellular fields and currents – EEG, ECoG, LFP and spikes. Nat Rev Neurosci.; 13(6): 407–420. https://doi.org/10.1038/nrn3241

[8] John Michael O'Keefe (geboren am 18. November 1939 in New York) erhielt 2014 den Nobelpreis für Physiologie/Medizin für seine Arbeiten zu den hippocampalen place cells. Zur Zeit der Nobelpreisverleihung arbeitete er in Großbritannien am University College in London. Hier seine klassische Arbeit mit Jonathan Dostrovsky aus dem Jahr 1971 und eine jüngere Übersichtsarbeit:
O'Keefe, J., & Dostrovsky, J. (1971). The hippocampus as a spatial map: Preliminary evidence from unit activity in the freely-moving rat. Brain Research, 34, 171–175. https://doi.org/10.1016/0006-8993(71)90358-1
O'Keefe, J., & Burgess, N. (2005). Dual phase and rate coding in hippocampal place cells: theoretical significance and relationship to entorhinal grid cells. Hippocampus; 15(7): 853–866. https://doi.org/10.1002/hipo.20115

[9] Gemeinsam mit O'Keefe bekamen 2014 das Forscherehepaar May-Britt und Edvard I. Moser den Nobelpreis für ihre Entdeckung hippocampaler

grid cells. Die offizielle Begründung für die Arbeiten aller drei Personen hieß: "for their discoveries of cells that constitute a positioning system in the brain". Zur Zeit der Nobelpreisverleihung arbeiteten sie an der Norwegian University of Science and Technology (NTNU) in Trondheim, Norwegen. Hier zwei Arbeiten zu place und grid cells:

Moser, E. I., Kropff, E., & Moser, M. (2008). Place Cells, Grid Cells, and the Brain's Spatial Representation System. Annu. Rev. Neurosci. 31, 69–89. https://doi.org/10.1146/annurev.neuro.31.061307.090723

Edvardsen, V., Bicanski, A., & Burgess, N. (2020). Navigating with grid and place cells in cluttered environments. Hippocampus. 30, 220–232. https://doi.org/10.1002/hipo.23147

[10] Die erste Arbeit zur „kognitiven Landkarte" (cognitive map):

O'Keefe, J., & Nadel, L. (1978). The hippocampus as a cognitive map. Oxford: Clarendon Press.

[11] Hier eine Auswahl von Arbeiten zur oszillatorischen Speicherung von Information im Kurzzeitgedächtnis:

Lisman, J. (2010). Working Memory: The Importance of Theta and Gamma Oscillations. Current Biology. 20(11), 490–492. https://doi.org/10.1016/j.cub.2010.04.011

Fuentemilla, L., Penny, W. D., Cashdollar, N., Bunzeck, N., & Düzel, E. (2010). Theta-coupled periodic replay in working memory. Current Biology. 20 (7), 606–612. https://doi.org/10.1016/j.cub.2010.01.057

Rutishauser, U., Ross, I. B., Mamelak, A. N., & Schuman, E. M. (2010). Human memory strength is predicted by theta-frequency phase-locking of single neurons. Nature 464, 903–907. https://doi.org/10.1038/nature08860

[12] Phase precession: Anbei eine klassische Arbeit (O'Keefe & Recce), eine Übersichtsarbeit zu den physiologischen Grundlagen (Magee) und eine zur kognitiven Bedeutung (Lisman):
O'Keefe, J., & Recce, M. L. (1993). Phase relationship between hippocampal place units and the EEG theta rhythm. Hippocampus 3, 317–330. https://doi.org/10.1002/hipo.450030307
Magee, J. C. (2003). A prominent role for intrinsic neuronal properties in temporal coding. Trends in Neurosciences, 26 (1), 14–16. https://doi.org/10.1016/S0166-2236(02)00012-7
Lisman, J. (2005). The theta/gamma discrete phase code occuring during the hippocampal phase precession may be a more general brain coding scheme. Hippocampus 15, 913–922. https://doi.org/10.1002/hipo.20121

[13] Zu den ersten Arbeiten über die funktionelle Bedeutung des EEGs gehören jene von Hans Berger, einem deutschen Neurologen und Psychiater.
Berger, H. (1933). Über das Elektroenzephalogramm des Menschen. Sechste Mitteilung. Arch Psychiatr Nervenkr. 99, 555–574.

[14] Arbeiten zu ERPs bzw. EKPs gibt es sehr viele. Hier zwei methodische Beiträge aus Lehrbüchern:
Lopes da Silva, F. L. (2005). Event Related Potentials: Methodology and Quantification. In Niedermeyer, E., & Lopes da Silva, F. L. (Eds.). Electroencephalography: basic principles, clinical applications, and related fields (pp. 877–886). Lippincott Williams & Wilkins: Baltimore.
Luck, S. J. (2012). Event-related potentials. In Cooper, H. E., Camic, P. M., Long, D. L., Panter,

A. T., Rindskopf, D. E., & Sher, K. J. (Eds). APA handbook of research methods in psychology, Vol 2: Research designs: Quantitative, qualitative, neuropsychological, and biological (pp. 532–551). American Psychological Association.

[15] Im Gegensatz zur funktionellen Bedeutung von ERPs bzw. EKPs wurde die funktionelle Bedeutung von Gehirnschwingungen erst spät, ab ca. Mitte der 1980er-Jahre, in größerem Umfang untersucht. Zu den bekanntesten Namen der damaligen Zeit gehören (in alphabetischer Reihe des Familiennamens): Erol Basar, Rita Hari, Helmut Petsche, Gert Pfurtscheller, Lopes da Silva und viele andere. Eine gute Übersicht zu den Arbeiten ‚der ersten Generation' findet sich in den unten angeführten Special Issues des International Journals of Psychophysiology.

Gruzelier, J. H. (1996) (ed.) Special Issue: New advances in EEG and cognition. International Journal of Psychophysiology, 1996. 24 (1–2), 1–188. ISSN 0167-8760

Basar, E., Hari, R., Lopes da Silva, F. H., & Schürmann, M. (1997). (guest eds.). Special Issue: Brain Alpha Activity – New Aspects and Functional Correlates. International Journal of Psychophysiology, 1997, 26 (1–3), 1-482. ISSN 0167-8760

Heute ist die Anzahl einschlägiger Arbeiten nahezu unübersehbar. Hier eine kleine Auswahl an Reviews betreffend Gedächtnis und Kognition:

Düzel, E., Penny, W. D., & Burgess, N. (2010). Brain oscillations and memory. Current opinion in neurobiology, 20(2), 143–149. https://doi.org/10.1016/j.conb.2010.01.004

Klimesch, W. (2012). Alpha-band oscillations, attention, and controlled access to stored

information. Trends in cognitive sciences, 16 (12), 606–617. https://doi.org/10.1016/j.tics.2012.10.007
Jensen, O., Spaak, E., & Zumer, J. M. (2019). Human brain oscillations: From physiological mechanisms to analysis and cognition. Magnetoencephalography: From signals to dynamic cortical networks, 471–517. https://doi.org/10.1080/00029157.2014.976786

[16] Eine Übersichtsarbeit zur funktionellen Bedeutung von Theta- und Alphaschwingungen:
Klimesch, W. (1999). EEG alpha and theta oscillations reflect cognitive and memory performance: A review and analysis. Brain Res. Rev. 29, 169–195. https://doi.org/10.1016/S0165-0173(98)00056-3

[17] Eine Übersichtsarbeit zur kausalen Bedeutung von Gehirnschwingungen:
Herrmann, C. S., Strüber, D., Helfrich, R. F., & Engel, A. K. (2016). EEG oscillations: from correlation to causality. International Journal of Psychophysiology, 103, 12–21. https://doi.org/10.1016/j.ijpsycho.2015.02.003

[18] Die Methode der ereigniskorrelierten Desynchronisation (Event Related Desynchronization, ERD) wurde unter der Leitung von Gert Pfurtscheller an der TU Graz entwickelt. Hier die erste Publikation, sie ist eine der am meisten zitierten Arbeiten zur funktionellen Bedeutung des EEGs:
Pfurtscheller, G., & Aranibar, A. (1977). Event-related cortical desynchronization detected by power measurement of scalp EEG. Electroenceph. Clin. Neurophysiol. 42, 817–826. https://doi.org/10.1016/0013-4694(77)90235-8

[19] Klimesch, W., Sauseng, P., & Gerloff, C. (2003). Enhancing cognitive performance with repetitive

transcranial magnetic stimulation at human individual alpha frequency. European Journal of Neuroscience, 17(5), 1129–1133. https://doi.org/10.1046/j.1460-9568.2003.02517

[20] Es ist gut dokumentiert, dass neuronale Verbindungen bi-direktional sind und zu Verbindungen führen, die als re-entrant loops bezeichnet werden. Gerald Maurice Edelman erhielt 1972 gemeinsam mit Rodney R. Porter den Nobelpreis für Physiologie oder Medizin für Entdeckungen im Bereich der chemischen Struktur von Antikörpern. In den Neurowissenschaften ist er mit seinen theoretischen Arbeiten zur funktionellen Bedeutung von re-entrant loops bekannt geworden. Sie spielen in der neurowissenschaftlichen Theorienbildung eine gewichtige Rolle:
Edelman, G. M. (1993). Neural Darwinism: selection and reentrant signaling in higher brain function. Neuron, 10 (2), 115–125.
Edelman, G. M., & Gally, J. A. (2013). Reentry: a key mechanism for integration of brain function. Frontiers in integrative neuroscience, Vol. 7, 63. https://doi.org/10.3389/fnint.2013.00063
Di Lollo, V., Enns, J. T., & Rensink, R. A. (2000). Competition for consciousness among visual events: the psychophysics of reentrant visual processes. Journal of Experimental Psychology: General, 129 (4), 481–507.

[21] Donald O. Hebb, 1904 geboren, war Professor für Psychologie an der McGill-Universität in Montreal, Kanada. Seine Theorien zu neuronalen Verschaltungen wurden mit dem Satz „Neurons that wire together, fire together" auf den Punkt gebracht. Er formulierte ein Prinzip, das später als Hebb Regel bezeichnet wurde. Sein Hauptwerk erschien

1949. Das Besondere an seiner Theorie war, dass sie zu seiner Zeit empirisch nicht überprüft werden konnte, weil die technischen Voraussetzungen noch nicht gegeben waren.

Hebb, D. O. (1942). The Organization of Behavior; a Neuropsychological Theory. Wiley, New York. Reprinted 2002 by Lawrence Erlbaum Associates.

Brown, R. E., & Milner, P. M. (2003). The legacy of Donald O. Hebb: more than the Hebb synapse. Nature Reviews Neuroscience, 4 (12), 1013–1019.

[22] Miller, R. (1989). Cortico-hippocampal interplay: Self-organizing phase-locked loops for indexing memory. Psychobiology, 17 (2), 115–128.

Miller, R. (1991). Cortico-hippocampal interplay and the representation of contexts in the brain. Springer Verlag: Berlin, Heidelberg, New York. ISBN 978-3-662-21734-4

[23] Pletzer, B., Kerschbaum, H., & Klimesch, W. (2010). When frequencies never synchronize: the golden mean and the resting EEG. Brain research, 1335, 91–102. https://doi.org/10.1016/j.brainres.2010.03.074

[24] Strogatz, S. H., & Stewart, I. (1993). Coupled oscillators and biological synchronization. Scientific American, 269(6), 102–109.

Strogatz, S. H. (2012). Sync: How order emerges from chaos in the universe, nature, and daily life. Hachette Books New York. ISBN 0-7868-6844-9

5

Die Frequenzarchitektur der Kognition und des Bewusstseins

Höhere kognitive Prozesse benötigen das Zusammenspiel verschiedener neuronaler Netze in verschiedenen Gehirnregionen. Wie werden diese Prozesse zwischen den Netzwerken koordiniert? Orientieren wir uns bei der Beantwortung dieser Frage an jenen Ergebnissen, die wir bisher erarbeitet haben: (i) Zwischen Gehirnschwingungen und kognitiven Prozessen besteht ein kausaler Zusammenhang. (ii) Die Frequenzen von Gehirnschwingungen variieren nicht willkürlich, sie hängen von den Eigenschaften der neuronalen Netze ab, in denen sie sich ausbreiten. Große Netzwerke „arbeiten" mit langsamen, kleine mit schnellen (hochfrequenten) Schwingungen. (iii) Eigenschaften der Physik bestimmen Sync und DeSync.

Die vorläufige Antwort ist daher, dass die Kommunikation zwischen verschiedenen Netzwerken auf einem Zusammenspiel zwischen Kopplung und Entkopplung von Gehirnschwingungen beruht. Dabei sind zwei Fälle zu unterscheiden. Netzwerke gleicher Größe können über die gleiche Frequenz kommunizieren, indem sie ihre Phasen gleichrichten. Sie können sich entkoppeln, wenn ihre Phasen zufällig variieren. Man spricht hier von Phasen-Sync und Phasen-DeSync. Netzwerke, die mit unterschiedlichen Frequenzen arbeiten, sind in ihrer Kommunikation auf das Vorhandensein bestimmter Frequenzrelationen angewiesen. Kopplung erfordert ein ganzzahliges Frequenzverhältnis, Entkopplung ein Frequenzverhältnis, das dem Goldenen Schnitt entspricht.

5.1 Die binäre Kopplungshierarchie von Gehirnschwingungen

Aus diesen einfachen Überlegungen ergibt sich zwingend, dass optimale Kopplung zwischen Netzwerken mit unterschiedlichen Frequenzen auf Grundlage einer binären Hierarchie erfolgen muss [1]. Nehmen wir als Beispiel die Frequenz der Alphaoszillation, die bei jungen Erwachsenen einen Durchschnittswert von 10 Hz aufweist. Optimale Kopplung mit der nächsten schnelleren Frequenz ergibt sich durch Verdoppelung. Das ist Beta mit 20 Hz. Für eine beliebige Frequenz (f(i); der Index i bezeichnet den Rang in der Hierarchie) gilt, dass ihre **unmittelbaren** Nachbarn f(i+1) und f(i−1) Harmonische mit dem **geringsten** Frequenzabstand sein müssen, was einer Frequenzrelation r von 2 bzw. ½ entspricht.

Als allgemeine Regel für optimale Kopplung gilt, dass eine beliebige Frequenz f(i) immer eine binär Multiple einer langsameren Frequenz f(i−x) sein muss:

$$f(i) = f(i-x) * (2^x)$$

i = ganze Zahl   x = Distanz in der Hierarchie

(5.1)

5 Die Frequenzarchitektur der Kognition und des ...

In der traditionellen EEG-Forschung ist Delta die erste, Theta die zweite, Alpha die dritte, Beta die vierte und Gamma die fünfte Frequenz in der Hierarchie mit 2,5, 5, 10, 20 und 40 Hz. Oder anders ausgedrückt, der hierarchische Rang beträgt i = 1 für Delta, i = 2 für Theta, i = 3 für Alpha, i = 4 für Beta und i = 5 für Gamma.

Nach Formel (5.1) ist Alpha (mit i = 3) zu Delta (mit i = 1) x = 2 binäre Hierarchiestufen entfernt, was bedeutet, dass Alpha $2^2 = 4$-mal schneller ist als Delta. Formel (5.1) beschreibt eine binäre Hierarchie von Frequenzen.

Um die absoluten Werte einer Frequenzdomäne (fd(i); Mittenfrequenz einer binären Schwingung) bestimmen zu können, muss man einen Skalierungsfaktor (s) einführen.

$$fd(i) = s * 2^i \text{ Hz}$$
$$s = \text{Skalierungsfaktor;} \quad i \ldots\ldots \text{ganze Zahl} \tag{5.2}$$

Die Größe des Skalierungsfaktors kann leicht bestimmt werden, wenn man irgendeinen Frequenzwert in der Hierarchie kennt. Nehmen wir Alpha als Beispiel, weil dies die bekannteste Gehirnschwingung ist. Ihr hierarchischer Rang ist i = 3 und ihre Mittenfrequenz beträgt 10 Hz. Diese Werte in Formel (5.2) eingesetzt ergibt:

$$fd(3) = s * 2^3 = 10 \text{ Hz} \quad s = 10/2^3 = 1,25$$

Den Skalierungsfaktor s in Formel (5.2) eingesetzt ergibt:

$$fd(i) = 1,25 * 2^i \text{ Hz} \tag{5.3}$$

Eine interessante Eigenschaft von Formel (5.3) ist, dass bei Kenntnis einer einzigen Größe – nämlich der von s – sämtliche EEG-Frequenzen bestimmt werden können, weil alle Frequenzen auf Grundlage einer einfachen (binären) Regel aufeinander abgestimmt sind. Eine andere interessante Eigenschaft steckt in der Frequenzhierarchie, die durch i beschrieben wird. Was passiert, wenn wir für i = 0 setzen? Da jede Zahl hoch Null 1 ist, ergibt sich für fd(0) ein Frequenzwert von 1,25 Hz. Es ist naheliegend, diesen Wert der Hierarchiestufe Null als Basisfrequenz zu interpretieren. Fragt man, welcher Schwingung dieser Wert entspricht, so bekommt man eine ebenso interessante wie überraschende Antwort: Es ist die Herzfrequenz, die üblicherweise ja nicht in Hertz (Schwingungen pro Sekunde), sondern durch die Anzahl an Schlägen pro Minute beschrieben wird. Ein Wert von 1,25 Hz hat eine Periodenlänge von 0,8 s, was einer Herzfrequenz von 75 Schlägen pro Minuten entspricht.

5.1.1 Frequenztrennung und der Goldene Schnitt

Ohne Variabilität keine Codierung von Information. Dies gilt auch für die Frequenzen von Gehirnschwingungen. Demnach dürfen sich die Gehirnschwingungen nur vorübergehend koppeln, um Kommunikation zwischen (theoretisch beliebig vielen) Netzwerken zu ermöglichen. Würden sie sich auf Dauer koppeln, könnte zwischen den Netzwerken keine Information übertragen werden, weil Variabilität fehlen würde (vgl. Abschn. 4.1.1 und Abb. 4.3).

Vorübergehende Kopplung erfordert Variabilität der Mittenfrequenzen (fd(i)) von Gehirnschwingungen. Die Frage nun ist, wie stark die Variabilität sein darf, dass die Mittenfrequenzen nicht ihren binären Charakter verlieren. Nehmen wir als Beispiel Alpha mit 10 Hz und seine binär benachbarten Frequenzen von Beta mit 20 Hz und Theta mit 5 Hz. Die besonderen Eigenschaften des Goldenen Schnitts besagen, dass maximale Entkopplung der schnelleren Frequenz Beta relativ zu Alpha 20/g = 12,4 Hz beträgt. Die bestmögliche Entkopplung von Theta relativ zu Alpha beträgt 5*g = 8,1 Hz. Diese Werte markieren die Bandbreite von Alpha. Würden sich die Frequenzen der Nachbarn in die Bandbreite von Alpha verschieben, würden sie ihren binären Charakter und somit die potenzielle Eigenschaft maximaler Kopplung und Entkopplung verlieren. Die generelle Regel für die Berechnung der Bandbreite einer Frequenz fd(i) ist:

Obere Grenzfrequenz: Untere Grenzfrequenz:
(fd(i + 1))/g (fd(i - 1)) * g.

Die Alpha-Bandbreite ist durch eine Variabilität der Mittenfrequenz (von 10 Hz) zwischen 8,1 und 12,4 Hz bestimmt. Die Perioden p der Grenzfrequenzen von 8,1 und 12,4 Hz schwanken demnach zwischen 123 ms und 81 ms, was einer Variabilität von 42 ms entspricht. Das Ergebnis zeigt, dass eine binäre Mittenfrequenz fd(i) ihren binären Charakter so lange nicht verliert, als ihre Variabilität unter 42 % der Periodenlänge bleibt. Oder einfacher ausgedrückt, wenn ihre Variabilität deutlich unter einer halben Periodenlänge liegt.

5.2 Empirische Belege für die binäre Hierarchie

Die empirischen Belege betreffen zunächst die vorhergesagten Frequenzwerte. Zweifellos kein Zufall ist der Befund, dass die durch Formel (5.3) bestimmten

Mittenfrequenzen von Gehirnschwingungen genau den beobachteten Werten im EEG entsprechen. Dasselbe gilt für die vorhergesagten Werte der Bandbreite.

5.2.1 Die binäre Frequenzhierarchie und die Größe neuronaler Netzwerke

Eine wichtige Konsequenz der Theorie ergibt sich für die Größe neuronaler Netze. Wegen des Zusammenhanges zwischen Frequenz und Netzwerkgröße lässt sich sagen, dass es für die fünf traditionellen EEG-Frequenzen auch fünf Netzwerkgrößen geben muss, die man durch ihre Schleifenlänge bestimmen kann. Da die Periodenlängen der Mittenfrequenzen für Delta, Theta, Alpha, Beta und Gamma (von 400, 200, 100, 50, und 25 ms) in einem Verdoppelungs-/Halbierungsverhältnis stehen, müssen auch Netzwerkgröße und ihre Schleifenlängen ebenso in einem Verdoppelungs-/Halbierungsverhältnis stehen. In Abb. 5.1 sind diese Überlegungen veranschaulicht, wobei zu berücksichtigen ist, dass die Schleifenlänge eines Netzwerkes durch die Länge seiner axonalen Verbindungen dargestellt wird. Dies deswegen, weil (empirisch gesehen) nur diese und nicht die Netzwerk- bzw. Schleifenlängen erfasst werden können.

In Abb. 5.1a ist auf der x-Achse die Schleifenzeit aufgetragen. Da sie die Netzwerkgröße und damit auch die Länge der axonalen Verbindungen bestimmt, stehen beide Größen, Schleifenzeit und Axonlänge, in direktem Zusammenhang. Auf der y-Achse ist die Anzahl der Axone der jeweiligen Netzwerke mit entsprechender Schleifenzeit/Axonlänge aufgetragen. In dieser Darstellung ist jede Frequenzdomäne durch ein Rechteck symbolisiert. Die Länge der horizontalen

5 Die Frequenzarchitektur der Kognition und des ...

Gehirnschwingungen und die binäre Staffelung von Netzwerklängen

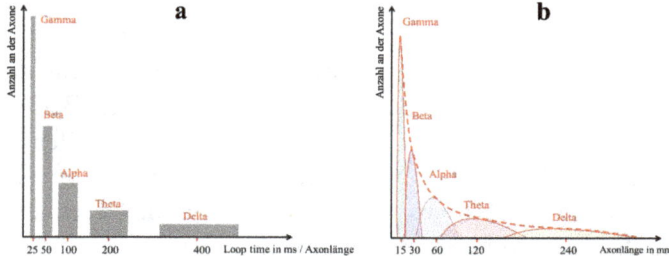

Abb. 5.1 Der Zusammenhang zwischen binärer Frequenzhierarchie und Netzwerkgröße. Die Periodenlänge p (Dauer eines Zyklus) einer Frequenz f ist $p = 1/f$. Für Alpha mit einer Frequenz von 10 Hz ergibt sich $p = 1/10 = 0{,}1\,\text{s} = 100\,\text{ms}$. Aufgrund des Zusammenhanges zwischen Frequenz, Netzwerkgröße und Schleifenzeit (loop time) lässt sich die bevorzugte Länge von Axonen vorhersagen. Es wird angenommen, dass jede Frequenzdomäne gleichwertig ist, was bedeutet, dass jede Domäne gleich viele Axone aufweist. Dies ist in a) durch Rechtecke mit gleicher Fläche dargestellt. Auf der x-Achse ist die Schleifenzeit und auf der y-Achse ist die Anzahl der Axone mit entsprechender Schleifenzeit aufgetragen. Da nicht nur die Periodenlängen der Frequenzdomänen, sondern auch ihre Bandbreiten in einem Verdoppelungs-/Halbierungsverhältnis stehen, erhalten wir für Beta im Vergleich zu Gamma ein Rechteck, das doppelt so breit, aber halb so hoch ist. Das Gleiche gilt für Alpha, Theta und Delta. Wegen des Prinzips der Frequenztrennung gibt es deutliche Abstände in der Schleifenzeit. Diese Lücken lassen sich schließen, wenn man berücksichtigt, dass die Schleifenzeit nicht nur durch die Länge der Axone, sondern auch durch die Stärke ihrer Myelinschicht bestimmt wird, wie in b) dargestellt ist. Demnach haben für jede Frequenzdomäne längere Axone eine dickere und kürzere eine dünnere Myelinschicht. Deswegen sind die Axonlängen nicht mehr rechtecksverteilt. Sie sind in Form einer Kurve verteilt: Wenig lange sind stark und wenig kurze schwach myelinisiert. Berechnet man die Summe über alle Verteilungen, erhält man die rot strichlierte Verteilung. Sie entspricht in ihrer Form genau der empirisch berechneten Verteilung [1]

Rechteckseite zeigt die Schwankungsbreite der Schleifenzeiten/Axonlänge einer Frequenzdomäne, die sich aus der Berechnung der Frequenzbandbreite ergibt. Die vertikale Seite bezieht sich auf die Anzahl der Netzwerke mit den entsprechenden Schleifenzeiten. Nehmen wir als Beispiel Gamma, eine Frequenzdomäne mit kurzer Schleifenzeit (von im Mittel 25 ms) und einer entsprechend großen Anzahl an kurzen axonalen Fasern. Da das Frequenzband von Gamma schmal ist, ist auch das Rechteck dementsprechend schmal. Da nicht nur die Periodenlängen der Frequenzdomänen, sondern auch ihre Bandbreiten in einem Verdoppelungs-/Halbierungsverhältnis stehen, erhalten wir für Beta ein Rechteck, das doppelt so breit ist. Wenn wir davon ausgehen, dass die Anzahl der Netzwerke für jede Frequenzdomäne gleich groß ist, muss die Höhe des Rechteckes für Beta nur halb so hoch sein wie jenes für Gamma. Die Rechtecke für Alpha, Theta und Delta verschieben sich nach derselben Regel und werden daher immer breiter und niedriger. Wegen des Prinzips der Frequenztrennung gibt es deutliche Abstände in der Schleifenzeit zwischen den Frequenzdomänen.

Wenn man den Zusammenhang zwischen Schleifenzeit und Axonlänge realistisch darstellen will, muss man zusätzlich die Stärke der Myelinschicht berücksichtigen. In Abb. 5.1a ist nur die Axonlänge berücksichtigt. Die unterschiedlichen Schleifenzeiten variieren hier nur in Abhängigkeit der Axonlänge. Man weiß aber, dass die Myelinschichten (die der Isolierung der elektrischen Signale dienen) unterschiedlicher Axone unterschiedlich dick sind und so die Signalübertragungsgeschwindigkeit beeinflussen: Eine dicke Schicht beschleunigt, eine dünne Schicht verlangsamt die elektrischen Signale.

5 Die Frequenzarchitektur der Kognition und des ...

In Abb. 5.1b ist die Stärke der Myelinisierung mit berücksichtigt. Nimmt man an, dass die Axone, die länger sind als jene, die der mittleren Schleifenzeit entsprechen, stärker myelinisiert sind, dann wird die Schleifenzeit entsprechend verkürzt. Umgekehrt kann man annehmen, dass die relativ zum Mittelwert kürzeren Fasern schwächer myelinisiert sind, was die Schleifenzeit entsprechend verlängert. So ergeben sich bei breit gestreuten Faserlängen relativ konstante Schleifenzeiten. Diese Überlegungen führen dazu, dass jetzt die Verteilung der Axonlängen nicht mehr einem Rechteck, sondern einer Kurve entspricht, die sich zwischen den Frequenzdomänen überlappen, wie in Abb. 5.1b gezeigt wird. Berechnet man nun die Anzahl der Fasern, die sich aus den kurvigen Verteilungen und ihren Überlappungen ergeben, dann erhält man die rot markierte Linie, die die Anzahl der Axone mit unterschiedlicher Länge vorhersagt.

Wie lassen sich die Vorhersagen, die in Abb. 5.1 zusammengefasst sind, empirisch überprüfen? Das Problem ist, dass weder die Schleifenzeit noch die Größe kortikaler Netzwerke direkt empirisch bestimmbar sind. Moderne Technik, die diffusion tensor imaging (DTI)-Technologie [2] macht es aber möglich, die Länge axonaler Verbindungen (Fasern) zu bestimmen. Bei dieser Technik handelt es sich um eine Variante der Kernspin-Technologie, die jeder aus Erfahrung kennt, der zur besseren Diagnose eine möglichst genaue Bildgebung (‚Durchleuchtung') einer bestimmten Körperregion benötigt hat. Diese Methode ermöglicht es – mithilfe aufwendiger mathematischer Analysen –, die Länge axonaler Verbindungen in der grauen Gehirnsubstanz zu vermessen. Empirische Befunde [1] zeigen, dass die Form der

Verteilung von Faserlängen, die mit DTI gemessen werden kann, genau der vorhergesagten Verteilungsform, wie sie in Abb. 5.1b dargestellt ist, entspricht.

5.2.2 Binäre Frequenzkopplung und kognitive Leistung

Bezüglich der Leistungsfähigkeit kognitiver Prozesse stehen folgende Vorhersagen im Vordergrund. Es ist zu erwarten, dass Kopplungen transient sind, primär in binären Frequenzrelationen auftreten und intensiver sind, je besser die kognitive Leistung ist. Eine belgische Arbeitsgruppe an der KU Leuven hat diese Frage untersucht und gefunden, dass es während der Durchführung einer komplexen Rechenaufgabe tatsächlich nur zu kurzfristigen binären (1:2) Kopplungen zwischen Theta und Alpha kommt und dass die Anzahl dieser Kopplungen mit der Anzahl richtiger Lösungen in Zusammenhang steht [3]. In einer anderen Studie [4] konnte gezeigt werden, dass die Anzahl binärer Kopplungen linear mit der Schwierigkeit einer kognitiven Aufgabe zunimmt. Diese Befunde bestätigen die Bedeutung transienter binärer Kopplungen für kognitive Leistung. Aber auch die funktionale Bedeutung des Goldenen Schnitts für Entkopplung konnte bestätigt werden. Es konnte gezeigt werden, dass Versuchspersonen, die Meditation gut beherrschen und imstande sind, ihre Gedanken gut von den aktuellen Umwelteindrücken zu entkoppeln, nicht nur eine Abnahme binärer Kopplungen aufweisen, sondern eine Zunahme von Frequenzrelationen zeigen, die dem Goldenen Schnitt entsprechen [5].

5.2.3 Die binäre Kopplung von Gehirn- mit Körperschwingungen: Herzschlag und Atmung

Interessante Vorhersagen aus Formel (5.3) ergeben sich, wenn man jene Frequenzen berechnet, die den Hierarchiestufen von $i \leq 0$ entsprechen: Alle diese Werte entsprechen Körperschwingungen. Für $i = 0$ erhalten wir 1,25 Hz. Wie bereits erwähnt, entspricht dieser Wert der Herzfrequenz. Für $i = -1$ erhalten wir 0,625 Hz. Dieser Wert entspricht der Frequenz der Muskelanspannungen für das Ein- und Ausatmen. Die Frequenzen, die $i = -2, -3$ und -4 entsprechen, sind (gerundet) 0,31, 0,16 und 0,08 Hz. Sie sind bevorzugte Frequenzen unserer Atmung. Wenn man in der Hierarchie noch weiter nach unten geht, erhält man Frequenzen für Blutdruckschwankung, Schwankungen der Sauerstoffsättigung im Blut und rhythmische Schwankungen des gastrointestinalen Trakts [6].

Dass die durchschnittliche Herzfrequenz 75 Schläge pro Minute beträgt, ist gut dokumentiert. Datenbanken zeigen, dass die durchschnittliche Herzfrequenz von jungen Erwachsenen tatsächlich in dieser Größenordnung liegt [7]. Der Herzschlag bestimmt die Basisfrequenz der binären Hierarchie, variiert aber sehr deutlich zwischen den Menschen. Er ist von der Hydrodynamik des Kreislaufes und dabei von den Eigenschaften des Körpers, vor allem seiner Größe, aber auch von anderen Faktoren, wie z. B. der Fitness, abhängig. Deswegen ist es plausibel, dass die Herzfrequenz skalierende Funktion hat. Die Konsequenz ist, dass die Frequenzen aller Gehirn- und Körperschwingungen individuell aufeinander abgestimmt sein müssen. So kann man z. B. feststellen, dass Versuchspersonen mit langsamer Herzfrequenz auch einen langsameren Alpha aufweisen als solche mit einer schnelleren Herzfrequenz. Auch ein Vergleich der Körpergröße verschiedener Säugetierarten zeigt einen sehr ähnlichen Zusammenhang. Kleine Tiere, wie z. B. Ratten oder Mäuse, haben eine sehr hohe Herzfrequenz und wegen der geringen Gehirngröße auch kleine Netzwerke mit hohen Frequenzen. Bei sehr großen Tieren ist es genau umgekehrt. Sie haben eine niedrige Herzfrequenz und große Netzwerke mit langsamen Frequenzen.

Die Herzfrequenz ist aber auch von situativen Faktoren, wie z. B. der Arbeitsbelastung, Stress und diversen Umwelteinflüssen (wie z. B. Temperatur), abhängig. Bei starker Belastung kann die Herzfrequenz viel stärker (z. B. auf mehr als das Doppelte der Ruhefrequenz) ansteigen, als es Hirnfrequenzen können, weil ihr Spielraum durch die Bandbreite festgelegt ist. Steigt sie unter schwerer körperlicher Belastung – wie z. B. bei einem Marathonläufer – übermäßig an, ist eine Kopplung mit Hirnfrequenzen nicht mehr möglich. In diesem Zustand der Entkopplung ist die kognitive Leistung sehr stark herabgesetzt. Unter extremer Belastung zeigen Marathonläufer vorübergehend einen nahezu „dementen" Zustand. Das Ortsgedächtnis schwindet und sie können leicht die Orientierung verlieren.

Neben der Herzfrequenz gehört die Atmung zu den wichtigsten Körperschwingungen. Sie variiert noch viel stärker als der Herzschlag. Interessanterweise sind ihre Schwankungen nicht kontinuierlich. Sie konzentrieren sich auf drei bevorzugte Frequenzbereiche, die bei 0,31, 0,16 und 0,078 Hz liegen und zur binären Frequenzhierarchie gehören. Diese Tatsache ist eine wichtige Bestätigung der Theorie. Eine kontinuierliche Schwankung über einen so großen Frequenzbereich würde der durch die Frequenzbänder vorhergesagten Schwankungsbreite widersprechen. Die Herzfrequenz ist eine binäre Vielfache der drei bevorzugten Atemfrequenzen, die untereinander in einem Verdoppelungs-/Halbierungsverhältnis stehen, wie Abb. 5.2 zeigt.

5 Die Frequenzarchitektur der Kognition und des ...

Die Kopplung und Entkopplung von Gehirn- und Körperschwingungen

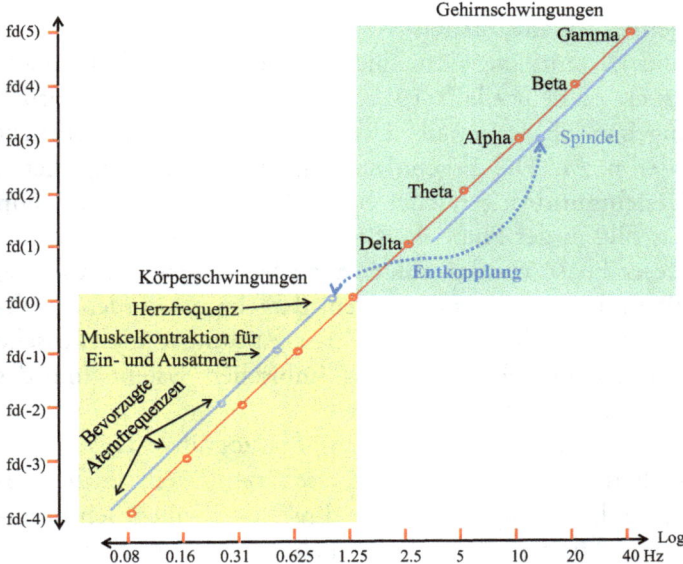

Abb. 5.2 Gehirn- und Körperschwingungen bilden eine gemeinsame Hierarchie [6]. Sie ist durch die rote Diagonale dargestellt. Auf der x-Achse sind die Log-Frequenzwerte und auf der y-Achse die Hierarchiestufen der Frequenzdomänen aufgetragen. Im Schlaf entkoppeln sich die Gehirn- von den Körperschwingungen [13] und der Herzschlag verliert den Stellenwert einer Basisfrequenz

Kopplungen zwischen Gehirn und Körperschwingungen sind auch im Tierexperiment gut untersucht. So konnte z. B. gezeigt werden, dass Gehirnoszillationen in jenen Teilen des limbischen Systems, die für Geruchswahrnehmung zuständig sind, synchron zur Atmung schwingen [8]. Besonders interessant sind jüngere Arbeiten an Menschen, die einen Zusammenhang zwischen der Phase der Atmung und der Gedächtnisleistung herstellen konnten [9]. In einem Experiment, in dem der emotionale Gesichtsausdruck beurteilt werden musste, hatten Versuchspersonen eine Reihe von Bildern mit unterschiedlich emotionalem Gesichtsausdruck zu beurteilen [10]. Sie mussten über Tastendruck angeben, ob das jeweils dargebotene Bild Angst ausdrückt oder nicht. Die Ergebnisse zeigten, dass ein ängstlicher Gesichtsausdruck rascher beurteilt werden konnte, wenn das Bild in der Phase des Einatmens dargeboten wurde. In dieser Phase wurden Bilder auch besser gemerkt als jene, die in der Phase des Ausatmens dargeboten wurden. EEG-Ableitungen haben gezeigt, dass Atmung die elektrische Aktivität in vielen Teilen des limbischen Systems und des Hippocampus synchronisiert.

Die Bedeutung der Atmung für kognitive Leistung ist auch deswegen nicht zu unterschätzen, weil sie die einzige Schwingung ist, die wir direkt und willentlich beeinflussen können. Es ist daher auch nicht überraschend, dass gezielte Atemübungen bei verschiedenen Meditationstechniken eine zentrale Rolle spielen.

5.2.4 Schlaf und die Entkopplung von Gehirn- und Körperschwingungen

Es ist seit Langem bekannt, dass sich im Schlaf die Frequenzen von Gehirn- und Körperschwingungen stark verändern. Während des Einschlafens verschwinden die Alphawellen. Herzschlag und Atmung werden langsamer. Zum Zeitpunkt des Einschlafens und während des Schlafens erscheinen relativ schnelle Gehirnwellen, die während des Wachbewusstseins nicht beobachtet werden können. Es handelt sind um periodisch auftretende Wellen mit einer Dauer von ca. 1 Sekunde. Diese Wellen haben eine Frequenz von ca. 13 Hz und werden Schlaf-

5 Die Frequenzarchitektur der Kognition und des ...

spindeln genannt [11]. Ihr erstes Auftreten kennzeichnet genau jenen Zeitpunkt, an dem wir unser Wachbewusstsein verlieren. Da diese Frequenz außerhalb der benachbarten binären Frequenzbänder von Alpha und Beta liegt, muss vermutet werden, dass die Spindelfrequenz Entkopplung anzeigt.

Im Wachbewusstsein bilden die Frequenzen von Gehirn- und Körperwellen eine Einheit (dargestellt durch die rote diagonale Linie in Abb. 5.2). Sie alle sind Teil ein und derselben binären Kopplungshierarchie und deswegen kann angenommen werden, dass im Wachbewusstsein auch Körperbewusstsein mit eingeschlossen ist. Deswegen ist es naheliegend, dass bei Verlust des Wachbewusstseins auch das Körperbewusstsein schwindet. Messungen des Herzschlagevozierten Potenzials (Heartbeat Evoked Potenzial, HEP) unterstützen diese Vermutung [12]. Es handelt sich dabei um ein elektrisches Potenzial, das im Gehirn durch den Herzschlag (genauer: durch die R-Spitze der Herzschlagwelle) ausgelöst wird. Untersuchungen haben gezeigt, dass die Stärke dieses Potenzials ein Indikator für unser Körperbewusstsein (das die interozeptive Sensibilität für Körperfunktion widerspiegelt) ist und dass dieses Potenzial im Schlaf deutlich schwächer wird.

Im Schlaf sinkt die Herzfrequenz (HF) auf ca. 1 Hz. Wenn die Schlafspindelfrequenz (SF) Entkopplung zu Körperfunktionen anzeigt, müssen wir annehmen, dass die Frequenzrelation zwischen SF und HF durch den Goldenen Schnitt (g) und eine unbekannte x gekennzeichnet ist. Letzteres deswegen, weil SF (mit ca. 13 Hz) keine benachbarte Frequenz von HF (mit ca. 1 Hz) sein kann, die nur durch g getrennt ist. Daher lautet die Vorhersage: $SF = HR * g * x$. Nach x aufgelöst, erhalten wir einen Wert von $x = SF/(HR*g) = 13/(1 * 1{,}618) = 8{,}0346\ldots \approx 8$. Die Frequenzrelation (r) zwischen SF/HR ist demnach durch g geprägt und beträgt r = 8*g. Eine interessante Schlussfolgerung ist, dass im Schlaf die Herzfrequenz nicht mehr die Basisfrequenz ist. Ihr fehlt die skalierende Wirkung auf Hirnoszillationen.

In einer Untersuchung zu den Frequenzveränderungen im Schlaf konnte diese Vorhersage bestätigt werden [13]. Es hat sich bestätigt, dass im Schlaf Körper- und Gehirnschwingungen voneinander entkoppelt (desynchronisiert) sind, untereinander aber binär gekoppelt bleiben. Gehirnschwingungen bilden nach wie vor eine binäre Hierarchie, auch Körperschwingungen bilden nach wie vor eine binäre Hierarchie, aber beide Hierarchien sind durch den Goldenen Schnitt entkoppelt (siehe die blauen Diagonalen in Abb. 5.2).

5.3 Bewusstsein, Gehirn und Körperschwingungen

Ähnlich wie für die Zeitwahrnehmung, für die es kein Sinnesorgan gibt, so gibt es auch für das Bewusstsein keine spezifische, umschriebene Gehirnregion. Wahrnehmungs-, Gedächtnis- und Sprachfunktionen lassen sich gut im Gehirn lokalisieren, Bewusstsein jedoch nicht. Es gibt zwar Läsionsstudien, die zeigen, dass bei Bewusstseinsstörungen manche Gehirnregionen mehr betroffen sind als andere, aber eine spezifische Region gibt es nicht. Dies ist vor dem Hintergrund der funktionellen Bedeutung von Gehirnschwingungen und ihrer Systemeigenschaften nicht überraschend. Bewusstsein scheint es nur dann zu geben, wenn Gehirn- und Körperschwingungen eine Einheit (ein gemeinsames System) bilden und so transiente Kopplungen (und damit Kommunikation) zwischen verschiedenen Gehirn- und Körperfunktionen ermöglichen. Wird dieses System entkoppelt, wie z. B. im Schlaf, oder bricht es zusammen, dann schwindet auch unser geordnetes (Wach-)Bewusstsein. Im Traum ist das Bewusstsein meist ungeordnet, sprunghaft und nicht fokussiert. Selten gibt es ein geordnetes Bewusstsein, wie wir es vom Wachbewusstsein kennen. Vermutlich laufen in diesen seltenen Fällen Kopplungen ganz ähnlich ab wie im Wachzustand. Da Träume primär in den REM-Phasen stattfinden, in denen Hirn- und Körperfrequenzen ähnliche Werte erreichen wie im Wachzustand, sind geordnete Bewusstseinszustände in diesen Phasen durchaus möglich.

Das Besondere am Bewusstsein ist, dass es die komplexeste Gehirnfunktion überhaupt ist. Es beruht auf dem Zusammenspiel vieler verschiedener Funktionen, die sämtliche Wahrnehmungsvorgänge inklusive der Interozeption (Körperwahrnehmung) und der Zeitwahrnehmung, emotionale Befindlichkeiten und Gedächtnisprozesse umfassen. Das Bewusstsein hat eine aktive Komponente, die in der selektiven Fokussierung auf bestimmte Inhalte und Denkprozesse besteht. Dabei ist immer die Einspeicherung neuer Information notwendig, damit wir auf Umweltereignisse oder Ergebnisse von Denkprozessen geordnet reagieren können. Es hat aber auch eine „passive" Komponente, die verschiedene „standby"-Prozesse umfasst. Das sind Vorgänge, die in Bereitschaft gehalten werden und nicht unmittelbar ausgeführt werden müssen. Vorrangig dabei ist die Orientierung in Raum, Zeit, sozialer und physischer Umwelt. Jeder bewusst denkende Mensch weiß, wer er ist, wo er ist, was sein soziales und physisches Umfeld ist. Er muss das betreffende Wissen nicht aktuell abrufen, kann es aber – wenn notwendig – sofort tun. Störungen des Bewusstseins können sehr leicht an den verschiedenen Formen von Desorientierung erkannt werden. Für beide Bewusstseinskomponenten sind zwei große Gedächtnissysteme notwendig: eines, das uns die Einspeicherung und Verarbeitung neuer Information ermöglicht, und ein anderes, in dem unser Wissen gespeichert ist. Zwei Frequenzdomänen spielen dabei eine entscheidende Rolle (siehe Abschn. 4.1.2). Für die Einspeicherung und Verarbeitung neuer Information sind Thetawellen verantwortlich, der Zugriff und Abruf von Wissen wird hingegen durch Alphawellen gewährleistet. Die transiente Synchronisation dieser Frequenzdomänen steht zweifellos im Zentrum von Bewusstseinsvorgängen.

Bewusstsein ist sehr wahrscheinlich eine Systemeigenschaft [14], die auf komplexen Synchronisationsprozessen von Gehirn- und Körperschwingungen beruht. Vermutlich sind es die beschriebenen Frequenzdomänen der binären Hierarchie von Gehirn- und Körperwellen, die mit ihren Eigenschaften der optimalen Kopplung und Frequenztrennung die entscheidende Grundlage für Bewusstsein bilden.

Der Verlust der Kopplung von Gehirn- und Körperschwingungen und der damit einhergehende Verlust des Wachbewusstseins unterstreichen die Bedeutung von Körperfunktionen für das Wachbewusstsein. Folgende wahre Geschichte soll diese Behauptung illustrieren: Am Ende eines langen ermüdenden Transatlantikfluges beginnt ein kleines Kind laut zu schreien. Daraufhin schaut die kleine dreijährige Tochter ihren Papa an und fragt, plötzlich selbst den Tränen nahe: *Bin das ich, Papa?* Das laute Schreien des fremden Kindes wirkte offensichtlich spontan ansteckend und die Dreijährige war sich nicht mehr sicher, ob nicht etwa sie es ist, die schreit bzw. weint. Sie war müde vom langen Flug und dem Schlaf näher als dem Wachzustand, was die Einordnung der eigenen Körperreaktionen erschwerte. Dazu kommt, dass

Kleinkinder nicht oder noch kaum eine bewusste Wahrnehmung (und damit Kontrolle) ihrer Körperfunktionen haben. Das Beispiel des „Sauberwerdens", das in etwa zwischen zwei und drei Jahren eintritt, setzt ja bewusste Körperwahrnehmung voraus und zeigt, dass sich diese erst entwickeln muss. Sie entwickelt sich gemeinsam mit dem Ich-Bewusstsein. Erst dann ist auch episodisches Gedächtnis (Ich-Erinnerung) möglich.

Wenn Körperwahrnehmung wichtig für Bewusstsein ist, dann gilt im Umkehrschluss, dass eine Störung der Körperwahrnehmung mit Störungen des Bewusstseins einhergehen sollte. Ein interessantes Beispiel ist die Schizophrenie. Im akuten Stadium treten Störungen auf, die primär Bereiche des inneren Erlebens betreffen. Es kann z. B. der Wahn vorkommen, von außen kontrolliert zu werden oder durch Gedankenentzug oder Gedankeneingebung „ferngesteuert" zu werden. Diese Symptome haben Ähnlichkeit mit der Ich-Dystonie, einer Ich-Störung, die einen Zustand beschreibt, in dem jemand seine Gedanken oder Emotionen nicht zu seinem Ich gehörend erlebt [15]. Eine für unsere Überlegungen interessante Frage hat eine Studie an schizophrenen Patienten untersucht. Es wurde von der Hypothese ausgegangen, dass bei schizophrenen Personen Störungen der interozeptiven Wahrnehmung vorliegen [16]. Diese wurde mit dem Herzschlagzähltest (heartbeat counting task) untersucht [17], der darin besteht, dass eine Versuchsperson, von der das Elektrokardiogramm (EKG) abgeleitet wird, versuchen soll, ihre Herzschläge zu zählen. Die Ergebnisse zeigten, dass schizophrene Patienten bei diesem Test wesentlich schlechter abschneiden als gesunde Versuchspersonen. Sie bestätigen, dass Körperwahrnehmung eine wichtige Voraussetzung für Ich-Bewusstsein ist.

5.4 Das Geheimnis der elektromagnetischen Felder im Gehirn

Es klingt so selbstverständlich, dass man die elektrische Aktivität des Gehirns mit dem EEG oder dem „magnetischen Gegenstück", der Magnetoenzephalographie (MEG), einer Hochtechnologiemethode, die erst seit Beginn der 1990er-Jahre in größerem Umfang eingesetzt wurde [18], ableiten kann. Bei genauer Betrachtung ergibt sich aber ein seltsames Zusammenspiel von Faktoren, das mehr als erklärungsbedürftig ist. Dazu gehört einerseits die Tatsache, dass die elektromagnetischen Felder durch die Vielzahl unterschiedlicher elektrischer Aktivitäten des Gehirns (wie z. B. AP, dendritische Potenziale etc.) entstehen und deswegen eine sehr „lokale" Entstehung haben. In diesem Sinn können elektromagnetische Felder als „passives Nebenprodukt" oder „Epiphänomen" neuronaler Aktivierung verstanden werden. Andererseits haben elektromagnetische Felder einen aktiven steuernden Charakter. In Abschn. 4.1.1 haben wir gezeigt, dass diese lokalen Felder, die man LFP nennt, aus Schwingungen bestehen, die einen wesentlichen Einfluss auf die Auslösung von AP haben. Das geheimnisvoll anmutende Problem dabei ist, dass die Summe lokaler neuronaler elektromagnetischer Aktivität elektromagnetische Felder erzeugt, die wiederum neuronale Aktivität auslösen und modulieren. Die gut dokumentierte Tatsache, dass man experimentell durch elektromagnetische Gehirnstimulation Informationsverarbeitung im Gehirn steuern kann, unterstreicht die Bedeutung dieser Behauptung. Es scheint so zu sein, dass neuronale Aktivität elektromagnetische Felder erzeugt, die über Rückkopplung neuronale Verarbeitung so strukturieren, dass geordnete Informationsverarbeitung möglich wird. Wie kann aber durch „Rückkopplung" eine übergeordnete Struktur der Informationsverarbeitung aufgebaut werden? Angesichts der unendlichen Vielzahl parallel und gleichzeitig ablaufender synaptischer, dendritischer und axonaler Aktivität ist es kaum vorstellbar, wie diese „elektromagnetische Summenaktivität" steuernde und strukturierende Wirkung erzeugen kann. Und diese Frage ist um noch einen Schritt komplexer, weil schwingende elektromagnetische Felder eine Art „Eigenleben" zu entwickeln scheinen, wie das Beispiel der ephaptischen Kopplung (ephaptic coupling) zeigt [19]. Darunter versteht man, dass Neurone ihre benachbarten Neurone auch *ohne synaptische Übertragung* aktivieren können. Dies stellt einen Bruch mit der klassischen Lehrbuchmeinung dar, die davon ausgeht, dass Neurone sich untereinander *nur* über synaptische Neurotransmitterübertragung aktivieren können. Ephaptische Kopplung bedeutet daher, dass sich ausbreitende elektromagnetische Felder sehr rasche Informationsverarbeitung ermöglichen, weil sie die relativ langsame elektrochemische Übertragung an den Synapsen umgehen können. Demnach handelt es sich um einen Informationsverarbeitungskanal, der parallel zur synaptischen Übertragung zu existieren scheint.

Lässt sich der geheimnisvoll anmutende Widerspruch zwischen einer passiven und gleichzeitig aktiv steuernden Eigenschaft elektromagnetischer Felder im Gehirn auflösen? Einen Erklärungsansatz bietet die binäre Kopplungshierarchie (sowie die ihr zugrunde liegenden Gesetze), die in Abschn. 5.1 beschrieben wurde. Sie ist eine rein algorithmische Struktur und bestimmt, welche Frequenzen sich optimal synchronisieren können. Man muss daher annehmen, dass sich vor allem jene elektromagnetischen Felder summieren, die sich nach den

Gesetzen der Mathematik/Physik synchronisieren können. Diese sind es dann auch, die mit dem EEG und dem MEG aufgezeichnet werden können. Demnach ist die „rückkoppelnde" Wirkung elektromagnetischer Felder kein passives Phänomen, sondern ein selektiver Einfluss, der von den Gesetzen der algorithmischen Welt kommt. So gesehen, haben schwingende elektromagnetische Felder tatsächlich eine Art „Eigenleben". Die Vermutung ist, dass hinter diesem „Eigenleben" eine hochkomplexe algorithmische Struktur steckt, die erst erforscht werden muss und weit über das hinausgeht, was durch die binäre Kopplungshierarchie beschrieben werden kann.

Es besteht kein Zweifel, dass elektromagnetische Felder in Form von Schwingungen die Informationsverarbeitung im Gehirn steuern. Diese Feststellung führt unweigerlich zur Frage, ob externe elektromagnetische Aktivität – wie z. B. geomagnetische Felder – nicht ebenfalls einen nachweislichen Einfluss auf unser Gehirn und unseren Körper haben. Diese Frage ist inzwischen gut untersucht und die Antwort ist eindeutig: Es gibt diesen Einfluss. Nehmen wir als Beispiel die Schumann-Frequenzen, die im Jahr 1955 vom Physiker Winfried Otto Schumann an der TU München nachgewiesen wurden [20]. Es handelt sich dabei um elektromagnetische Schwingungen, die sich zwischen Erdoberfläche und Ionosphäre ausbreiten. Jene Frequenzen, deren Wellenlänge in einem ganzzahligen Verhältnis zum Erdumfang stehen, bilden stehende Wellen mit bestimmten Resonanzfrequenzen. Die Grundfrequenz beträgt ca. 7,8 Hz, schnellere Resonanzfrequenzen liegen bei ca. 14, 20, 26, 33, 39 und 45 Hz. Sie liegen daher in einem Bereich, der sich mit traditionellen EEG-Frequenzen überlappt.

Gleichzeitige Aufzeichnungen des EEGs und der Schumann-Frequenzen [21] konnten nachweisen, dass sich Gehirnoszillationen mit den Schumann-Frequenzen

5 Die Frequenzarchitektur der Kognition und des ...

kurzfristig für eine Dauer von ca. 300 ms synchronisieren. Diese Synchronisationsperioden wiederholen sich in etwa einmal in einer ½ min. Es sind Perioden des „Entrainments" [22], in denen externe Schwingungen (im vorliegenden Fall geomagnetische Schwingungen) Gehirn- oder Körper-Schwingungen „mitnehmen". Diese Befunde sind aus zwei Gründen bemerkenswert. Einerseits deswegen, weil sich zeigt, dass das Entrainment nicht von Dauer ist, was ja fatale Folgen hätte, weil sonst die Gehirnaktivität ihre Variabilität verlieren würde, und andererseits deswegen, weil die Synchronisationsperioden von 300 ms ziemlich genau jener Zeit entsprechen, die ein wahrgenommenes Ereignis benötigt, um ins Bewusstsein zu dringen. Demnach kann man vermuten, dass sie eine kurzfristige „Orientierungsreaktion" auslösen können, die Einfluss auf einen Gedankengang nehmen kann.

Auswirkungen geomagnetischer Aktivität sind aber auch auf Körperschwingungen wie z. B. die Herzschlagaktivität nachweisbar. In einer interessanten Studie wurden über einen Zeitraum von 31 Tagen die Herzschlagrate (heart rate, HR) und die Herzschlagvariabilität (heart rate variabilty, HRV) mit der Schumann Resonanz Power verglichen [23]. Dabei handelt es sich um die Amplitudenstärke der Schumann-Frequenzen, die stark von der Sonnenaktivität beeinflusst wird. Die HRV spiegelt die Variabilität der Herzschlagintervalle wider. Sie ist ein Indikator für kardiovaskuläre Gesundheit, wobei gilt: Variabilität ist gut, fehlende Variabilität ist schlecht. Die Ergebnisse zeigen eine signifikante Erhöhung der HR bei starkem Anstieg der geomagnetischen Aktivität und eine Synchronisation der HRV mit Schwankungen der Amplituden der Schumann-Frequenzen. Diese Schwankungen haben eine Periode von 2,8 Tagen (67 h), in denen die HRV zu- und dann wieder abnimmt. Man kann daher davon ausgehen, dass in Phasen abnehmender

HRV ein ungünstiger Einfluss auf die kardiovaskuläre Gesundheit vorliegt. Deswegen ist es auch nicht überraschend, dass es Belege für vermehrte kardiovaskulär bedingte Komplikationen und Todesfälle in Perioden starker geomagnetischer Aktivität gibt [24].

5.5 Literatur mit Kurzkommentaren zu Kap. 5

[1] Klimesch, W. (2013). An algorithm for the EEG frequency architecture of consciousness and brain body coupling. Frontiers in Human Neuroscience, 7, 1–4, 766. https://doi.org/10.3389/fnhum.2013.00766

[2] Assaf, Y., & Pasternak, O. (2008). Diffusion tensor imaging (DTI)-based white matter mapping in brain research: a review. Journal of Molecular Neuroscience, 34, 51–61. https://doi.org/10.1007/s12031-007-0029-0
Hagmann, P., Cammoun, L., Gigandet, X., Meuli, R., Honey, C. J., Wedeen, V. J., et al. (2008). Mapping the structural core of human cerebral cortex. PLoS Biol. 6:e159. https://doi.org/10.1371/journal.pbio.0060159

[3] Rodriguez-Larios, J., & Alaerts, K. (2019). Tracking transient changes in the neural frequency architecture: harmonic relationships between theta and alpha peaks facilitate cognitive performance. The Journal of Neuroscience: The Official Journal of the Society for Neuroscience, 39 (32), 6291–6298. https://doi.org/10.1523/JNEUROSCI.2919-18.2019

[4] Rodriguez-Larios, J., Faber, P., Achermann, P., Tei, S., & Alaerts, K. (2020a). From thoughtless

awareness to effortful cognition: alpha – theta cross-frequency dynamics in experienced meditators during meditation, rest and arithmetic. Scientific Reports, 10 (1), 5419. https://doi.org/10.1038/s41598-020-62392-2

[5] Rodriguez-Larios, J., Wong, K. F., Lim, J., & Alaerts, K. (2020b). Mindfulness Training is Associated with Changes in Alpha-Theta Cross-Frequency Dynamics During Meditation. Mindfulness, 1–10. https://doi.org/10.1007/s12671-020-01487-3

[6] Klimesch, W. (2018). The frequency architecture of brain and brain body oscillations: an analysis. European Journal of Neuroscience, 48 (7), 2431–2453. https://doi.org/10.1111/ejn.14192

[7] Fleming, S., Thompson, M., Stevens, R., Heneghan, C., Plüddemann, A., Maconochie, I., Tarassenko, L. & Mant, D. (2011). Normal ranges of heart rate and respiratory rate in children from birth to 18 years: a systematic review of observational studies. Lancet, 377, 1011–1018. https://doi.org/10.1016/S0140-6736(10)62226-X

Shaffer, F., McCraty, R., & Zerr, Ch. (2014). A healthy heart is not a metronome: an integrative review of the heart's anatomy and heart rate variability. Frontiers in Psychology, 5, 1040–1072. https://doi.org/10.3389/fpsyg.2014.01040

[8] Tort, A. B. L., Brankack, J., & Draguhn, A. (2018). Respiration-entrained brain rhythms are global but often overlooked. Trends in Neuroscience. 41, 186–197. https://doi.org/10.1016/j.tins.2018.01.007

[9] Heck, D. H., Kozma, R., & Kay, L. M. (2019). The rhythm of memory: how breathing shapes memory function. Journal of Neurophysiology, 122 (2), 563–571. https://doi.org/10.1152/jn.00200.2019

[10] Zelano, C., Jiang, H., Zhou, G., Arora, N., Schuele, S., Rosenow, J. & Gottfried, J. A. (2016). Nasal Respiration Entrains Human Limbic Oscillations and Modulates Cognitive Function. The Journal of Neuroscience, December 7, 36 (49):12448–12467. https://doi.org/10.1523/JNEUROSCI.2586-16.2016

[11] De Gennaro, L., & Ferrara, M. (2003). Sleep spindles: an overview. Sleep Medicine Reviews, 7 (5), 423–440. https://doi.org/10.1016/S1087-0792(02)00116-8

[12] Pollatos, O., & Schandry, R. (2004). Accuracy of heartbeat perception is reflected in the amplitude of the heartbeat-evoked brain potential. Psychophysiology, 41 (3), 476–482. https://doi.org/10.1111/1469-8986.2004.00170.x.

Montoya, P., Schandry, R., & Müller, A. (1993). Heartbeat evoked potentials (HEP): Topography and influence of cardiac awareness and focus of attention. Electroencephalography and Clinical Neurophysiology, 88, 163–172. https://doi.org/10.1016/0168-5597(93)90001-6

Schandry, R., & Weitkunat, R. (1990). Enhancement of heartbeat-related brain potentials through cardiac awareness training, International Journal of Neuroscience, 53, 243–253. https://doi.org/10.3109/00207459008986611.

Park, H. D., Correia, S., Ducorps, A., & Tallon-Baudry, C. (2014). Spontaneous fluctuations in neural responses to heartbeats predict visual detection. Nature Neuroscience, 17 (4), 612–618. https://doi.org/10.1038/nn.3671

Park, H. D., & C. Tallon-Baudry, C. (2014). The neural subjective frame: From bodily signals to perceptual consciousness. Philosophical Transactions of the Royal Society B: Biological Sciences,

369 (1641), 20130208. https://doi.org/10.1098/rstb.2013.0208

[13] Rassi, E., Dorffner, G., Gruber, W., Schabus, M., Klimesch, W. (2019). Coupling and Decoupling between Brain and Body Oscillations. Neuroscience Letters. 711. https://doi.org/10.1016/j.neulet.2019.134401

[14] Hunt, T., & Schooler, J. W. (2019). The Easy Part of the Hard Problem: A Resonance Theory of Consciousness. Frontiers in Human Neuroscience, 13, 378. https://doi.org/10.3389/fnhum.2020.596409

[15] Kyrios, M., Nelson, B., Ahern, C., Fuchs, T., & Parnas, J. (2015). The self in psychopathology. Psychopathology, 48 (5), 275. https://doi.org/10.1159/000438876

[16] Ardizzi, M., Ambrosecchia, M., Buratta, L., Ferri, F., Peciccia, M., Donnari, S., Mazzeschi, C., & Gallese, V. (2016). Interoception and Positive Symptoms in Schizophrenia, Frontiers in human Neuroscience, Volume 10, Article 379. https://doi.org/10.3389/fnhum.2016.00379

[17] Schandry, R. (1981). Heart beat perception and emotional experience. Psychophysiology 18, 483–488. https://doi.org/10.1111/j.1469-8986.1981.tb02486.x

[18] Claudia Tesche war sowohl an der Entwicklung und vor allem auch an der Anwendung des MEGs maßgeblich mitbeteiligt. Sie hat ihre ersten Arbeiten an SQUID-Systemen an der University of California in Berkley gemacht. In Finnland am Low Temperature Laboratory hat sie mit Rita Hari und anderen KollegInnen MEG-Messungen an Versuchspersonen durchgeführt. In den 1990er-Jahren war sie Gastprofessorin an der Universität Salzburg. Hier eine frühe Arbeit zu SQUID-Systemen und eine zur

Erfassung der magnetischer Aktivität der Gehörrinde:
Tesche, C., & Clarke, J. (1977). dc SQUID: Noise and optimization. Journal of Low Temperature Physics. 29, 301–331. https://doi.org/10.1007/Bf00655097
Tesche, C., & Hari, R. (1993). Independence of steady-state 40-Hz response and spontaneous 10-Hz activity in the human auditory cortex. Brain Research. 629, 19–22. PMID 8287276 https://doi.org/10.1016/0006-8993(93)90475-3

[19] Ephaptic coupling: Hier ein Beispiel zu einer empirischen Arbeit:
Chiang, C. C., Shivacharan, R. S., Wei, X., Gonzalez-Reyes, L. E., & Durand, D. M. (2019). Slow periodic activity in the longitudinal hippocampal slice can self-propagate non-synaptically by a mechanism consistent with ephaptic coupling. The Journal of physiology, 597 (1), 249–269. https://doi.org/10.1113/JP2769042

[20] Hier eine historische Übersicht zur Entdeckung und den Eigenschaften von Schumann-Frequenzen:
Besser, B. P. (2007), Synopsis of the historical development of Schumann resonances, Radio Science, 42 (02), 1–20. RS2S02. https://doi.org/10.1029/2006RS003495.

[21] Persinger, M. A., & Saroka, K. S. (2015). Human quantitative electroencephalographic and Schumann Resonance exhibit real-time coherence of spectral power densities: implications for interactive information processing. Journal of Signal and Information Processing, 6 (02), 153. Article ID: 56609,11 pages. https://doi.org/10.4236/jsip.2015.62015

[22] Entrainment ist eine sehr wichtige Eigenschaft von Schwingungen, die auf dem Gesetz der

Synchronisation von Oszillatoren mit ähnlicher Frequenz beruht. Sie ist durch viele Arbeiten zur rhythmischen Gehirnstimulation gut dokumentiert. Ein originelles Beispiel für das Entrainment von Körperschwingungen ist die Synchronisation der Atmung mit der rhythmischen Bewegung des Brechens von Meereswellen an nicht zu steilen Küstenregioen. Sie haben eine Frequenz von ca. 0,16 Hz, was langsamem Atmen mit Intervallen von 6 bis 7 s entspricht. Durch das Entrainment mit einer relativ langsamen Frequenz haben die Brandungsgeräusche einen beruhigenden Einfluss auf den Körper.

[23] McCraty, R., Atkinson, M., Stolc, V., Alabdulgader, A. A., Vainoras, A., & Ragulskis, M. (2017). Synchronization of human autonomic nervous system rhythms with geomagnetic activity in human subjects. International Journal of Environmental Research and Public Health, 14 (7), 770. https://doi.org/10.3390/ijerph14070770

Alabdulgader, A., McCraty, R., Atkinson, M., Dobyns, Y., Vainoras, A., Ragulskis, M., & Stolc, V. (2018). Long-term study of heart rate variability responses to changes in the solar and geomagnetic environment. Scientific Reports, 8(1), 1–14. https://doi.org/10.1038/s41598-018-20932-x

[24] Stoupel, E., Babayev, E. S., Abramson, E., & Sulkes, J. (2013). Days of "zero" level geomagnetic activity accompanied by the high neutron activity and dynamics of some medical events – Antipodes to geomagnetic storms. Health, Vol. 5 No.5, Article ID:31922,7. https://doi.org/10.4236/health.2013.55113

Stoupel, E., Kalediene, R., Petrauskiene, J., Starkuviene, S., Abramson, E., Israelevich, P., &

Sulkes, J. (2011). Twenty years study of solar, geomagnetic, cosmic ray activity links with monthly deaths number (n-850304). Journal of Biomedical Science and Engineering, 4 (06), 426–434. https://doi.org/10.4236/jbise

6

Die Drei-Welten-Theorie

Wir Menschen haben einen Teil der Welt, in der wir leben, selbst geschaffen. Häuser, Städte, Straßen, Land- und Forstwirtschaft sind Beispiele, wie wir auf die physische Welt Einfluss nehmen und genommen haben. Die soziale Welt besteht aus unseren Beziehungen zu anderen Menschen und umfasst Kunst, Kultur, Politik, Meinungen, Ideologien und Religion. Die Existenz unserer Gehirne verdanken wir der physischen Welt. Die Evolution der Gehirnphysiologie und Anatomie bildet die Grundlage von Gehirnfunktionen und somit unseres Bewusstseins und unserer Emotionen. Die Bedeutung der sozialen und physischen Welt für unser Leben braucht nicht argumentiert zu werden. Wichtig hingegen ist die Feststellung, dass komplexe Gehirnfunktionen nur auf Grundlage von Gesetzen der algorithmischen Welt verstanden werden können. Das Gehirn und nicht nur das von uns Menschen, sondern auch das von Tieren ist das

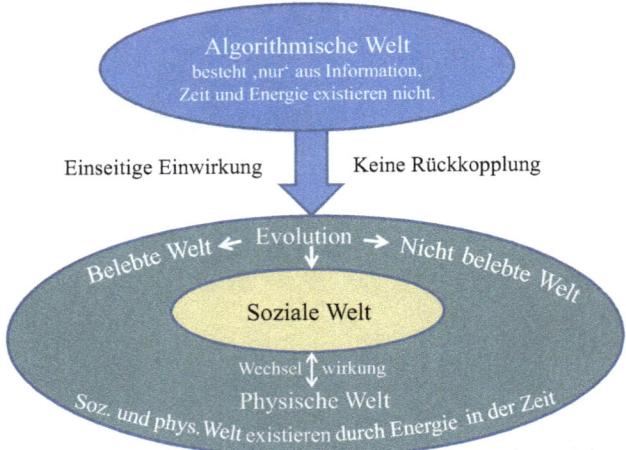

Abb. 6.1 Die soziale Welt existiert in der physischen Welt. Beide Welten entstehen durch Evolution in der Zeit und brauchen Energie. Für die algorithmische Welt gibt es weder Zeit noch Energie. Sie wirkt auf die soziale und physische Welt durch Naturgesetzte. Diese Wirkung ist einseitig, da es keine Rückkopplungen aus der sozialen und physischen Welt gibt

einzige Produkt der Evolution, das alle drei Welten verbindet. Abb. 6.1 veranschaulicht die unterschiedlichen Eigenschaften der drei Welten [1].

6.1 Eigenschaften der algorithmischen Welt

Der Begriff Algorithmus wird üblicherweise gleichbedeutend mit einem Vorgang bezeichnet, der durch eine mathematische Formel beschrieben werden kann.

Hier wird aber eine spezifischere Definition verwendet: Ein Algorithmus ist ein Naturgesetz, das durch eine mathematische Formel beschrieben werden kann. Demnach ist keineswegs jede Formel oder formal beschreibbare Regel ein Algorithmus, sondern eben nur jene, hinter der ein universell gültiges Naturgesetz steht. Formel (5.2) ist ein Beispiel für einen Algorithmus. Sie beschreibt eine binäre Hierarchie von Frequenzdomänen, die optimale Kopplung von Schwingungen ermöglicht.

Die algorithmische Welt hat vier miteinander eng verflochtene Eigenschaften. Sie besteht „nur" aus Information, ist unabhängig von Zeit und Energie und kann nicht durch Rückkopplungen aus der sozialen oder physischen Welt beeinflusst werden. Sie ist eine Konstante und existiert unabhängig von diesen beiden Welten. Man kann daher auch sagen, dass sie „ewig" ist, zumindest für jene Zeitspanne, die die Entstehung und das (vermutliche) Ende unseres Universums umfasst. Die Attribute ewig und zeitlos erinnern sehr an Eigenschaften, die Menschen Gottheiten zusprechen. Als Einstein Quantenphysikern entgegengehalten hat, dass ein rein zufälliges Verhalten von Elementarteilchen für ihn nicht denkbar wäre, soll der berühmte Ausspruch gefallen sein: „Gott würfelt nicht." In unseren Kontext „übersetzt" bedeutet dies, dass die algorithmische Welt ein immer gültiges Regelwerk an Naturgesetzen ist, in dem Zufall keinen Platz hat.

Interessant ist, dass das Erkennen von Naturgesetzen häufig (wenn nicht immer) mit einer göttlichen („überirdischen" oder „ehrfürchtigen") Erfahrung einhergeht. In der Frühzeit der Beobachtung des nächtlichen Sternenhimmels und der Sonnenbewegung waren naturwissenschaftliche Beobachtungen und religiöses Gedankengut eng miteinander verbunden. Berühmte Beispiele sind Stonehenge oder die Himmelsscheibe von Nebra [2, 3].

6.1.1 Die Einwirkung auf die physische Welt: Die Bedeutung der Skalierung

Der Algorithmus, den Formel (5.2) beschreibt, besteht aus zwei Teilen, dem Skalierungsfaktor s und der Exponentialfunktion $fd(i) = 2^i$. Letztere ist ein universelles Gesetz, was bedeutet, dass die Verdoppelungs-Halbierungsregel zwischen den Frequenzdomänen der Hierarchie für sämtliche Frequenzen und unabhängig von ihrer Größe Gültigkeit hat. Der Skalierungsfaktor steht für die Umsetzung des Naturgesetzes in die physische Welt, seine Ausprägung wird durch ihre Eigenschaften bestimmt. Ein Beispiel ist Formel (5.3), in der die Herzfrequenz mit 75 Schlägen pro Minuten bzw. 1,25 Hz der Skalierungsfaktor für Gehirn- und Körperschwingungen für uns Menschen ist. Durch die Festlegung des Skalierungsfaktors, der die Basisfrequenz $fd(0)$ bestimmt, sind sämtliche Frequenzwerte aller Schwingungen der binären Hierarchie festgelegt. Der Herzschlag als Basisfrequenz bestimmt die Geschwindigkeit der Atmung ebenso wie die Geschwindigkeit (loop times) neuronaler Netze. Die Herzfrequenz selbst ist durch verschiedene Eigenschaften der physischen Welt, vor allem der Körpergröße, abhängig. Bei kleinen Tieren ist die „loop time" des Kreislaufes kurz, das Blut kann rasch durch den Körper gepumpt werden. Bei großen Tieren ist sie um Wesentliches länger. Ratten und Mäuse haben eine hohe Herzfrequenz, die bei ca. 600 Schlägen pro Minute (10 Hz) liegt. Große Tiere, wie z. B. Elefanten, haben eine Herzfrequenz von ca. 25 Schlägen. Bei großen Walen ist sie noch niedriger und liegt bei ungefähr acht Schlägen pro Minute (0,13 Hz). Letztlich bedeutet Skalierung, dass sämtliche Größen in der physischen Welt aufeinander abgestimmt sein müssen: Bei großen Tieren ist nicht nur das Gehirn mit seinen neuronalen Netzen größer, das Gleiche gilt für sämtliche Organe und den Bewegungsapparat. Die Frequenzdomänen sind auf langsame Frequenzen abgestimmt. Bei kleinen Tieren ist es genau umgekehrt, es dominieren die schnellen Frequenzen.

6.1.2 Evolution in der physischen Welt und das Gesetz von Snell

Unter Evolution versteht man in erster Linie die Entwicklung des Lebens, also „biologische Evolution". Gibt es aber auch Evolution in der physischen Welt? Oder anders ausgedrückt: Wie kommen die Gesetze der algorithmischen Welt in die physische Welt? Eine überraschende Antwort auf diese Frage gibt das Gesetz von Snell [4]. Es beschreibt, wie und warum sich das Licht bricht, wenn es über die Luft in Wasser eindringt. Der Mathematiker Steven Strogatz [4] erläutert die elegante Logik dieses Gesetzes anhand eines einfachen und sehr anschaulichen Beispiels, das in Abb. 6.2 dargestellt ist.

Ein Bergwanderer geht durch tiefen Schnee, der in einer großen flachen Mulde vom Wind angeweht wurde. Er kommt dort nur langsam voran. Ein gutes Stück vor ihm sieht er den Rand des Schneefeldes und schräg links auf schneefreiem Boden die Wegmarkierung. Bezeichnen wir den Ort im Schneefeld, an dem sich der Wanderer befindet, mit A und jenen, zu dem er gehen muss, mit B. Wie findet man die kürzeste Zeit T für die gesamte Strecke zwischen A und B? Sie setzt sich aus den Zeiten t_A und t_B zusammen, die sich auf die Gehzeiten im Schnee bzw. auf festem Boden beziehen. Da die Topographie zwischen A und B vorgegeben und die Gehgeschwindigkeiten im Schnee und auf festem Boden bekannt sind, ist

Das Gesetz von Snell: Das Wandererbeispiel und die Lichtbrechung

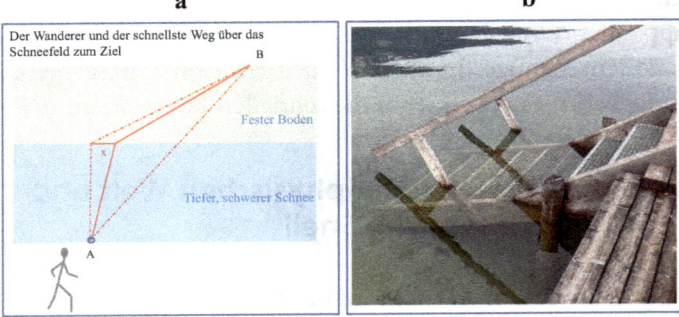

Abb. 6.2 Das Gesetz von Snell zur Lichtbrechung veranschaulicht am „Wandererbeispiel" von Steven Strogatz. a) Ein Wanderer sucht den schnellsten Weg von A, seinem Standort, über das Schneefeld zum Ziel B. Da er im Schnee nur sehr langsam gehen kann, ist der kürzeste Weg, die gerade Linie zwischen A und B, nicht der schnellste. Geht er senkrecht auf den Rand des Schneefeldes zu, dann ist die Gehzeit im Schnee t_A am kürzesten, aber jene am festen Boden t_B sehr lang. Es gilt, die kürzeste Gesamtzeit $T = t_A + t_B$ zu finden. Eine Differentialgleichung, in der die Ableitung für T berechnet, Null gesetzt und für x gelöst wird, liefert die Lösung. b) Die Analogie mit dem Licht ist, dass es sich beim Eintritt in Wasser ganz ähnlich verhält wie der Wanderer beim Eintritt in das Schneefeld: Es sucht sich den schnellsten Weg und verkürzt dabei seinen Weg im Wasser. An der Stelle, an der die Treppe des Badestegs ins Wasser eintaucht, macht die Stiege einen Knick. Es ist eine optische Täuschung, die durch die Lichtbrechung entsteht. Ein Vergleich mit dem Geländer zeigt sehr schön, dass auch die Stiege parallel zum Geländer verlaufen müsste. Durch die Lichtbrechung wird der Boden unter dem Wasser scheinbar nach oben verschoben. Dadurch hat das Licht einen kürzeren Weg im Wasser

die Wahl der Strecke bis zum Ende des Schneefeldes die einzige Variable, die unser Wanderer beeinflussen kann. Diese Strecke wird – zur Vereinfachung der Geometrie – durch Variable x beschrieben, wie in Abb. 6.2 dargestellt ist. Der Wanderer könnte beispielsweise in gerader Linie auf B zugehen, was der kürzeste Gesamtweg wäre, er würde dabei aber eine lange Strecke im Schnee gehen müssen. In diesem Fall wäre x groß und t_A sehr lang. Eine Alternative wäre, senkrecht auf den Rand des Schneefeldes zuzugehen, um t_A zu minimieren. Dann wäre x gleich null, t_B aber sehr lang, weil die lange Strecke auf schneefreien Boden einen Umweg bedeutet. Für die Berechnung der kürzesten Zeit mit dem schnellsten Weg braucht man Mathematik. Eine Differentialgleichung, in der die Ableitung für T berechnet, Null gesetzt und für x gelöst wird, liefert die Lösung.

Der entscheidende Punkt ist, dass der Auffindung des schnellsten Weges ein Prinzip zugrunde liegt, das als Gesetz von Snell (Snell's law) bekannt wurde und das beschreibt, wie sich das Licht bricht, wenn es in ein festeres Medium – wie z. B. Wasser – eindringt. Licht bewegt sich langsamer in Wasser, ganz ähnlich wie der Wanderer im Schneefeld. Es folgt demselben Optimierungsprinzip wie der Wanderer und verkürzt seinen Weg im Wasser, was zur Lichtbrechung führt. Es ist beinahe unglaublich, aber es ist so: Das Licht verhält sich so, als ob es alle möglichen Pfade in Betracht ziehen („ausprobieren") und dann den schnellsten Weg wählen würde. In der Quantenphysik spricht man von „destruktiver Interferenz", die zur Auslöschung der nicht optimalen Wegstrecken führt.

Wenn diese Überlegungen stimmen, dann gibt es auch in der physischen Welt Evolution und zwar in dem Sinn, dass die physische Welt alle möglichen Zustände so lange „ausprobiert", bis die Naturgesetze der algorithmischen Welt für optimale Lösungen sorgen und so „Ordnung" schaffen. Dieser Gedanke lässt sich anhand eines weiteren Beispiels illustrieren. Betrachtet man Licht als Wellenphänomen, dann kann man die Ausbreitungsgeschwindigkeit des Lichts c über die Formel der Ausbreitungsgeschwindigkeit von Wellen als Produkt aus Wellenlänge l mal Frequenz f: $c = l * f$ beschreiben. Da die Lichtgeschwindigkeit im Vakuum eine Konstante ist, ergibt sich für einen bestimmten Wert f oder l, dass jeweils der andere Wert eindeutig festgelegt ist. Woher „weiß" das Licht die richtige Lösung? Ähnliches gilt für alle Naturgesetze, deren Auswirkungen wir beobachten können, so z. B. für das Fallgesetz oder die Gesetze der Himmelsmechanik. Alle diese Beispiele illustrieren die Einwirkung der algorithmischen auf die physische Welt.

6.2 Literatur mit Kurzkommentaren zu Kap. 6

[1] Die Hypothese von drei Welten ist nicht neu und geht bis auf die griechische Philosophie zurück mit ihrer Dreiteilung in Psyche, Physis und Logos. Bekannte Philosophen wie Karl Popper und Gehirnforscher wie John Carew Eccles (Nobelpreisträger für Physiologie oder Medizin, 1963 für seine Arbeiten an synaptischer Übertragung erhalten gemeinsam mit Andrew Huxley und Alan Lloyd Hodgkin) haben sich ebenfalls mit diesem Thema beschäftigt. Die von mir vorgeschlagene Dreiteilung hat Ähnlichkeiten, ist aber keineswegs identisch mit einer in der Literatur vorgeschlagenen Drei-Welten-Theorie.
Popper, K. R. (1978). Three Worlds: The Tanner Lecture on Human Values, delivered at the University of Michigan, April 7, 1978. http://www.geocities.com/criticalrationalist/#online

Cavanna, A. E., & Nani, A. (2014). John Eccles and Karl Popper: The Three Worlds and Their Interaction. In: Consciousness: Theories in Neuroscience and Philosophy of Mind; pp. 123–126. Springer, Berlin, Heidelberg. ISBN: 978-3-662-44087-2. https://doi.org/10.1007/978-3-662-44088-9_21

[2] Stonehenge: Hier ein Übersichtsartikel zu verschiedenen Theorien der Entstehung und Bedeutung:
Parker Pearson, M. G. (2013). Researching Stonehenge: theories past and present. Archaeology International, 16, 72–83. https://doi.org/10.5334/ai.1601

[3] Himmelsscheibe von Nebra, hier eine Beschreibung der astronomischen Bedeutung:
Meller, H. & Michel, K. (2021). Griff nach den Sternen – Nebra, Stonehenge, Babylon: Reise ins Universum der Himmelsscheibe. Propyläen, Berlin 2021. ISBN 978-3-549-10027-1

[4] Snell's law wird in Strogatz's Buch, the joy of x auf den Seiten 134–137 und 278–279 beschrieben. Es beruht auf dem Prinzip von Fermat:
Golomb, M. (1964). Elementary proofs for the equivalence of Fermat's principle and Snell's law. The American Mathematical Monthly, 71 (5), 541–543.
Strogatz, S. (2012). The joy of x. Houghton Mifflin Harcourt: Boston. ISBN 978-0-547-51765-0

7

Schlussfolgerungen: Evolution und das Prinzip des Ausprobierens

Biologische Evolution und die der nicht belebten physischen Welt haben eine offensichtliche Gemeinsamkeit, die man mit dem Prinzip „alles ausprobieren" beschreiben kann. In der biologischen Evolution kennt man ein paar einfache Regeln, die Variation/Mutation, die Anpassung/Selektion und die Reproduktion, die als treibende Kraft im Mittelpunkt steht. Variation/Mutation ist für die Vielfalt sämtlicher Erscheinungsformen des Lebens verantwortlich, wie z. B. die Artenvielfalt oder die Vielfalt von Eigenschaften, die uns Menschen unterscheidet. Variation/Mutation erleichtert Anpassung. Einerseits deswegen, weil sich durch die Vielzahl unterschiedlicher Eigenschaften bald herausstellt, welche für optimales Überleben am besten geeignet sind. Diese bilden die Grundlage der Skalierung von Eigenschaften in Hinsicht auf einen bevorzugten Mittelwert, solange die Umwelt einigermaßen konstant bleibt. Andererseits auch deswegen, weil es durch die große Vielfalt an Eigenschaften auch immer solche geben wird, die zum Überleben besser geeignet sind, wenn sich die Umwelt rasch ändert. Dieser Mechanismus dürfte dafür ausschlaggebend sein, dass die meisten biologischen Variablen, wie z. B. Körpergröße, Gehirngröße oder Intelligenz, aber auch relativ konstante Größen wie die Körpertemperatur normal verteilt sind. Alle diese Variablen haben einen bevorzugten Wert (den Mittelwert, oder allgemein ausgedrückt den Wert der zentralen Tendenz). Sie weisen aber auch Abweichungen auf, die in ihrer Stärke umso seltener werden, je mehr sie sich von der zentralen Tendenz entfernen. Anpassung/Selektion beschreibt das Ausmaß der Bewährung der Eigenschaften in der physischen Welt. Lebewesen mit erfolgreichen Eigenschaften haben in der Reproduktion mehr Erfolg und können diese daher leichter vererben als jene mit weniger erfolgreichen Eigenschaften. Variation/Mutation ist der Motor des Prinzips „alles ausprobieren". Ohne Ausprobieren kann nicht festgestellt werden, was erfolgreich ist und was nicht. Diese Feststellung gilt in hohem Maße auch für die soziale Welt. Kleinkinder sind – meist zur Verzweiflung der Eltern – Meister des Ausprobierens. Ähnliches gilt für uns Erwachsene. Die einfachste Methode, um festzustellen, was erfolgreich ist, ist Ausprobieren: „Probieren geht über Studieren." Auch in der Psychologie hat Ausprobieren seinen festen Platz, nur einen anderen Namen: Versuch und Irrtum (trial and error) bilden die Grundlage für Lernen und als virtuelles Probehandeln auch für Denken.

Allerdings hat dieses Prinzip auch seine sehr dunklen Seiten. Wer etwas ausprobiert, kann ja die Folgen seines Tuns nicht (oder zumindest nicht völlig) vorhersehen. Man geht an die Grenzen des Möglichen und beobachtet, was passieren wird. Es liegt in der Logik des Ausprobierens, dass auch negative, im schlimmsten Fall auch fatale Folgen eintreten können. Der Grund dafür ist, dass

7 Schlussfolgerungen: Evolution und das ...

Wissen über den Ausgang einer Handlung (zumindest teilweise) fehlt. Hätten wir das Wissen, müssten wir nicht ausprobieren.

In der Wissenschaft ist Ausprobieren der Schlüssel für Erkenntnisgewinn, es geschieht mithilfe eines Experimentes (oder einer empirischen Beobachtung). Im Experiment wird ausprobiert, ob das erwartete Ergebnis eintritt oder nicht. Im Gegensatz zum Alltagsleben, in dem Ausprobieren oft die Bedeutung einer Zufallshandlung hat, geht es in der Wissenschaft um die Wechselwirkung zwischen Vorwissen (Hypothese und Theorie) und dem Ausgang eines Experimentes (oder einer empirischen Beobachtung). Nehmen wir als Beispiel das bereits beschriebene Experiment zur Stimulierung des Gehirns in der Alphafrequenz. Eine Theorie über die funktionelle Bedeutung der Alphaoszillation führt zur Hypothese, dass die Stärke dieser Schwingung (gemessen an ihrer Amplitude) eine wichtige Voraussetzung für gute Gedächtnisleistung ist. Im Experiment werden verschiedene Schwingungen künstlich erzeugt, um auszuprobieren, ob wirklich nur jene Frequenz, die der individuellen Alphaoszillation entspricht, die Gedächtnisleistung verbessern kann. Ist das Experiment gut geplant und das Ergebnis eindeutig, dann führt es immer zu Wissensgewinn, indem die Theorie entweder bestätigt oder als falsch zurückgewiesen werden kann. Das Schöne an der Wissenschaft ist, dass man die Natur „fragen" und über das Experiment auch eine Antwort bekommen kann. Und das wirklich Spannende dabei ist, dass die Antwort aus der algorithmischen Welt kommt.

Obwohl Wissenschaft die Königsdisziplin für Wissensgewinn ist, wäre es falsch zu glauben, dass sie die einzige Quelle unseres Wissens wäre. Das Ergebnis jeder Art von Ausprobieren kann zu Wissen führen, die Frage allerdings ist, welche Gültigkeit das erlangte Wissen hat. Ein Kleinkind, das verschiedene Gegenstände in den Mund steckt und dabei auch durch Zufall ein Stück Schokolade erwischt, kann wertvolle Erfahrung sammeln, indem es das nächste Mal, wenn es ein Stück Schokolade sieht, gezielt zugreifen kann. In diesem einfachen Fall handelt es sich bereits um eine wissensbasierte Handlung. Allerdings hat das erlangte Wissen nur sehr begrenzte Bedeutung, weil es sich eben nur auf ein Stück Schokolade bezieht. Für den Erfolg unseres Handelns und Denkens ist Wissen entscheidend. Das Ergebnis rein zufälligen Ausprobierens – ohne Vorwissen – bereichert zwar unsere Erfahrung, ermöglicht jedoch keine Einblicke in allgemeingültige Zusammenhänge. Wissensbasiertes Handeln und Denken spielen in der Evolution eine wichtige Rolle, sie tragen dazu bei, Anpassung und erfolgreiche Selektion zu optimieren.

7.1 Am Ende steht eine spekulative Hypothese

Ebenso unerwartet wie spannend ist die Hypothese, dass es auch in der physischen Welt Evolution gibt, die ebenfalls nach dem Prinzip des Ausprobierens zu funktionieren scheint. So muss z. B. auch erst das Licht seinen optimalen Weg durch Ausprobieren herausfinden. Und ob dieses Prinzip auch in der physischen Welt nicht nur zum Erfolg führt, sondern auch fatale Folgen haben kann, ist ebenfalls eine wirklich interessante Frage. Aber vielleicht sind Ereignisse wie der Einschlag eines Kometen oder der Zusammenstoß von Himmelskörpern Beispiele für Ausprobieren, die negative wie positive Konsequenzen haben können. Kometeneinschläge könnten Wasser auf unsere Erde gebracht und so Leben ermöglicht haben. Sie könnten aber auch den Planeten zerstören, indem

7 Schlussfolgerungen: Evolution und das ...

sie ihn mittel- oder langfristig aus seiner Umlaufbahn werfen. Umgekehrt aber könnte ein massiver Einschlag, der einen Himmelskörper spaltet, seltsamerweise zu seiner Stabilisierung beitragen. Unserer Erde dürfte das passiert sein. Es wird vermutet, dass unser Mond durch den Einschlag eines fremden Himmelskörpers aus der Erde herausgerissen wurde und dann in eine stabile Umlaufbahn eingetreten ist, die jetzt der Erdrotation sogar hilft, möglichst stabil zu bleiben. Dies geschieht dadurch, dass zwei Schwingungen, die Mondumlaufbahn und die Mondrotation, 1:1 in ihrer Phase synchronisiert sind. Systeme synchronisierter Oszillatoren sind bekannt für ihre besondere Stabilität. Für einen Umlauf um die Erde benötigt der Mond 27,3 Tage und genau in derselben Zeit dreht er sich um seine eigene Achse. Beide Schwingungen haben daher dieselbe Periodenlänge und sind auch in ihrer Phase gekoppelt. Diese Kopplung, die auch als gebundene Rotation bezeichnet wird, ist der Grund, warum wir immer dieselbe Seite des Mondes sehen.

Abschließend nun eine spekulative Hypothese, die sich auf einen hypothetischen Zustand in der Frühzeit der Bildung unseres Universums bezieht. Nehmen wir an, dass es in diesem Frühzustand Elementarteilchen gibt, die ähnliche Eigenschaften wie isolierte Quanten haben, die nicht in Wechselwirkung zueinander stehen. Sie können an verschiedenen Orten gleichzeitig sein und entziehen sich so in ihrem Mikrokosmos einer genauen Lokalisierung. Je mehr Elementarteilchen aber in Wechselwirkung treten, umso weniger „verrückt" werden ihre Eigenschaften. Es entstehen Atome und es bildet sich Materie, Sterne und Planeten. Der Grundgedanke ist, dass die Freiheitsgrade der physischen Welt an ihrem Beginn riesig groß waren und dass erst durch Wechselwirkung ihrer Elemente und durch Einwirkung der algorithmischen Welt, die den

Spielraum der Freiheitsgrade durch Naturgesetze reguliert, jene physische Welt entstanden ist, die wir heute durch Beobachtung kennen.

Auch in der Ontogenese – z. B. im Heranwachsen junger Menschen – ist die Veränderung der Freiheitsgrade über den Entwicklungszeitraum deutlich zu sehen. Für ein Kleinkind ist die Zukunft offen und die Anzahl verschiedener Entwicklungswege scheint unermesslich groß zu sein. Mit zunehmendem Alter werden immer mehr Entscheidungen getroffen, z. B., in welche Schule man geht, welche(n) Partnerin/Partner man hat oder welchen Beruf man ergreift. Mit jeder Entscheidung wird der Spielraum möglicher Alternativen immer kleiner.

Ein Ergebnis all dieser Überlegungen ist sehr einfach und – im Prinzip – allen geläufig: Wir leben in einer Welt, die auch gefährlich sein kann. Aber warum? Die überraschende Antwort ist: weil Evolution auf dem Prinzip des Ausprobierens beruht. Wir können uns davor teilweise schützen, indem wir (individuell wie z. B. auf politischer Ebene) Handeln und Denken möglichst wissensbasiert ausführen. Wissen ist entscheidend für Überleben. Deswegen beherbergt unser Gehirn ein sehr großes Gedächtnis, in dem Erfahrung gespeichert werden kann. In der biologischen Evolution übernehmen Gene diese Aufgabe. In ihnen sind unter anderem jene Handlungsanweisungen gespeichert, von denen wir in Kap. 2 gesprochen haben.

GPSR Compliance
The European Union's (EU) General Product Safety Regulation (GPSR) is a set of rules that requires consumer products to be safe and our obligations to ensure this.

If you have any concerns about our products, you can contact us on

ProductSafety@springernature.com

In case Publisher is established outside the EU, the EU authorized representative is:

Springer Nature Customer Service Center GmbH
Europaplatz 3
69115 Heidelberg, Germany

www.ingramcontent.com/pod-product-compliance
Lightning Source LLC
LaVergne TN
LVHW020330260326
834688LV00037B/969